PD수첩 광우병편

방송은 무죄다?

PD수첩 광우병편

방송은 무죄다?

양기화 지음

중앙생활사

프롤로그

PD수첩 광우병 편 방송은 무죄다?

2008년 4월 29일 방영된 'PD수첩 미국산 쇠고기, 과연 광우병에서 안전한가(이하 'PD수첩 광우병 보도')' 편에 대한 농식품부의 반론 · 정정보도 신청 건(이하 '정정보도 신청 건')과 정운천 전 농식품부 장관과 민동석 전 농식품부 차관보의 명예훼손 및 업무방해 혐의 고발 건(이하 '명예훼손 건')에 대한 대법원의 최종판결이 2013년 9월 2일 있었다. 정정보도 신청 건은 항소심 판결의 일부가 파기환송되어 심리가 다시 진행될 것이나 명예훼손 건은 최종적으로 정리된 셈이다.

보도내용 가운데 주저앉는 소를 광우병에 걸린 소인 것처럼 보도한 것, 미국인 아레사 빈슨이 인간광우병으로 사망하였을 가능성이 있다고 한 것, 한국 사람이 광우병 걸린 쇠고기를 먹으면 인간광우병에 걸릴 확률이 94%라고 한 것 등 핵심내용에 대한 정정보도 신청 건에서는 허위라고 판단했던 1심의 판단이 대법원의 최종판단에까지 유지되었다. 그러나 명예훼손 건의 경우 형사 1심재판부는 모두 허위가 아니라고 판단했지만 항소심에서는 이를 번복하여 핵심사항에 대한 보도내용을 허위로 판단하였으며, 대법원에서 이를 확인한 것이다.

즉 PD수첩 광우병 보도의 핵심내용은 분명 허위로 보아야 하겠으나 공직자 개인에 대해서는 명예훼손으로 볼 수 없다고 판단해 무죄를 확정한 것이라 한다. 대법원이 이러한 결론에 도달하는 과정이 순탄하지만은 않았던 듯 전원합의가 아니라 사안에 따라 소수의견이 있었다고 한다.

대법원의 최종판결이 있었지만 사건이 마무리된 것은 아닌 듯하다. MBC는 대법원의 확정판결이 나온 9월 5일 'PD수첩 광우병 보도 최종판결' 이라는 제목의 사고에서 "대법원이 형사상 명예훼손에 대해서는 무죄판결을 내렸지만 보도의 주요 내용은 허위라고 판시해 진실 보도를 생명으로 하는 언론사로서 책임을 통감한다. 광우병이 전 국민의 주요 관심사였던 시점에 문화방송이 잘못된 정보를 제공한 것은 어떤 이유로도 합리화할 수 없으며, 당시 문화방송의 잘못된 정보가 국민의 정확한 판단을 흐리게 해 혼란과 갈등을 야기했다는 지적도 겸허하게 받아들인다" 라고 했다.

MBC의 이러한 공식입장에 대하여 당시 제작진 가운데 한 사람은 대법원 판결의 핵심은 정부정책을 비판적으로 보도한 것을 무죄라고 판단한 것인데 제작과정에서 있었던 일부 실수에 대하여 "책임을 통감하고 사과하는" 내용의 사고를 낸 것에 불만을 표시하였다.

제작진을 포함한 노조가 반발했는데도 MBC는 PD수첩 광우병 편의 제작진을 중징계했다. 이러한 결정은 해당 프로그램에 사실이 아닌 부분이 포함된 것에 대한 책임을 반영한 것이라고 한다. 한편 MBC 노조 측에서는 징계 수위가 상상할 수 있는 수준을 넘어선다 하여 법원에 징계 무효소송을 냈다. 이 소송의 1심재판부는 취재진에게 중대과실이 있다고 보기 어렵고 회사의 명예를 실추시켰다고 보기 어려워 징계사유가 되지 않는다고 판결하였다. 사측의 항소에 대해 2심재판부는 방송 내용 가운데 허위사실이 있어 이를 보도한 과실이 있으므로 징계사유는 있다 할 것이나, 중징계한 것은 징계재량권을 남용한 것으로 위법하다고 판단하였다.

2008년 촛불시위가 벌어지는 와중에 국민은 광우병과 인간광우병에 대한 정보가 충분하지 못하여 혼란을 겪었다. 전문가들마저 엇갈린 견해를 내놓아 혼란을 더욱 가중시켰다. 사실 광우병이나 인간광우병은 유럽에서 발생하여 확산된 탓에 우리나라에서는 연구성과가 충분하지 못했고, 관련 분야의 전문가 역시 한정되어 있는 형편이었다. PD수첩 광우병 편 보도와 관련한 소송이 진행되는 과정에서 방송이 다룬 전문자료의 해석을 두고 전문가들의 다양한 의견이 재판부에 제출되었고, 재판부에서는 이를 토대로 최종판결을 내렸을 것이다.

하지만 핵심사안들에 대한 전문가들의 견해가 법정에서 검토되는 과정이 일반인에게는 상세히 알려지지 않았기 때문에 재판부가 핵심사안에 대한 판단을 어떻게 내렸는지 궁금할 수도 있겠다. 필자는 PD수첩 광우병 편 보도에 대한 명예훼손 건의 1심재판부에 증인으로 출석해 특히 인간광우병과 관련된 사항에 대해 증언한 바 있다. 또한 이 건의 심리가 진행되는 과정을 지켜본 결과 PD수첩 측과 검찰 측에서 신청한 증인들의 견해 역시 2008년 촛불시위 사태 당시 다양한 경로로 제시하던 범주를 크게 벗어나지는 못했다고 생각한다.

따라서 심리과정에서 핵심사안에 대해 전문가들이 어떤 견해를 제시하였는지 정리해보는 것으로 PD수첩 광우병 편 보도에 대한 대법원 최종판결의 의미를 제대로 새길 기회가 되리라고 생각하였다.

PD수첩을 처음 기획했던 김윤영 PD가 "사회의 건강성을 회복해 사람이 살 만한 세상을 만들고 소외된 자들을 위해, 또 TV가 더는 바보상자가 되지 않기 위해 핫이슈가 되고 있는 사회경제적 사건을 PD의 시각으로 보아 심층적으로 규명하는 것이 PD수첩을 만든 목적이다"라고 적은 것처럼 시청자들은 '사실'로 무장하여 지지를 얻어온 PD수첩을 긍정적으로 생각하고 있었다.

특히 'PD수첩 황우석 신화의 난자의혹' 편을 시작으로 황우석 교수의 줄기세포 연구의 문제점을 파헤치면서 PD수첩이 곤경에 처했을 때 '미디어 다음'에서 조사했던 "PD수첩을 지지하느냐?" 라는 질문에 "그렇다" 라고 답한 2%에 필자도 속했다는 점을 밝힌다. 그 이유는 당시 PD수첩이 보여준 내용은 사실을 근거로 했다고 믿었기 때문이다. 그랬기에 황우석 교수를 지지하는 분들이 참고할 필요가 있다고 생각한 점들을 일곱 차례에 걸쳐 필자의 블로그에 정리해 올렸다.

그럼에도 필자가 PD수첩 광우병 편 보도에 공감하지 못했던 이유는 논쟁의 여지가 있는 과학적 사실들이 과연 전문가의 의견을 충분히 수렴했나 싶을 정도였기 때문이다. 지난해 PD수첩 방송 20주년을 회고하는 내용을 담은 《PD수첩-진실의 목격자들》을 읽었다. 방송 초기 김윤영 PD의 말처럼 어려운 여건에서도 진실을 밝혀낸다는 사명감을 긍지로 일해 온 PD수첩이 황우석 교수 편의 '대박'을 계기로 초심을 잃은 것 같다는 느낌이 남았다. '황우석 교수 편을 방영할 때 엄청난 시련도 겪어냈는데, 누가 우리 팀의 권위에 도전할 수 있어?' 하는 생각이 손톱만큼이라도 없었을까?

2008년에 광우병이나 인간광우병에 관하여 나름대로는 왜곡되었다고 판단된 과학적 사실에 대한 새로운 시각을 담은 해석을 블로그 등에서 알리려 노력했다. 특히 어린 학생들이 보내오는 놀랄 만한 질문에는 어려운 과학적 사실을 쉽게 풀어서 이해할 수 있도록 도와주는 행운도 있었다. 한편 2009년에는 광우병 관련 질환에 대한 과학적 사실과 2008년 촛불시위 내용을 《눈초의 광우병 이야기》로 정리했다.

필자는 이 책에서 PD수첩 광우병 편이 핵심적으로 다룬 과학적 사실에 대한 논박이 어떻게 이루어져 대법원의 최종판결에 담겼는지 그 과정을 추적해보려 한다. 이 과정에서 PD수첩이 국민에게 전하고자 했던 메시지의 윤곽을 그려볼 수도 있을 것이다. 대법원은 판결에서 '과학적 논쟁보도에 관한 쟁점과 기준' 세 가지를 제시했다. 이 가운데 '과학적 자료는 어떤 것을 써야 하나' 라는 쟁점의 경우 '전문가 집단의 토론과 오차율 통계 등을 거친 것' 을 써야 한다는 기준을 제시하였다는 점을 참고하며 글을 읽어주기 바란다.

제작진 가운데 한 사람이 "PD수첩 광우병 편은 검찰이 이야기하듯 보수 반정부성향을 지닌 언론인이 치밀하게 준비한 프로그램은 결코 아니다" 라고 볼멘소리를 한 적이 있다. 그리고 PD수첩을 제작한 혹은 제작에 참여한 분들이 생각하는 것처럼 법원에서 핵심사항이 허위라고 판단한 부분은 제작과정에서 일어난 사소한 실수에 불과할 수도 있다. 그래서 PD수첩 제작진은 무죄라는 것이다.

대법원의 무죄취지 판결에 담긴 의미가 무엇인지 법률에 조예가 깊지 않은 필자 역시 궁금하다. 공직자 개인의 명예를 훼손했다고 보기에 법률적으로 적절하지 않다는 것이 법률적 판단이라면, 적지 않은 시간이 흐른 이 시점에서 국민은 2008년 당시 PD수첩 광우병 편이 우리 사회에 미친 영향을 어떻게 판단할지 궁금해진다.

차례

프롤로그 PD수첩 광우병 편 방송은 무죄다? 005

1장 주저앉는 소는 모두 광우병 소일까

주저앉는 소는 모두 광우병 소? 017

다양한 원인으로 주저앉는 소 023

억지만 가득했던 MBC 'PD수첩 광우병' 편 029

괴담으로 번진 광우병 034

눈여겨봐야 할 항소심과 상고심의 논리 040

2장 아레사 빈슨 씨는 인간광우병으로 사망했나

아레사 빈슨 씨가 인간광우병으로 사망했다? 049

방송이 만들어낸 아레사 빈슨의 사인 055

과학적으로 추정해본 아레사 빈슨의 사인 061

급성 베르니케병으로 추정되는 아레사 빈슨의 사인 068
편향적으로 추정된 아레사 빈슨의 사인 074
현지 언론에서 아레사 빈슨 사인을 CJD, vCJD로 의심한 이유 080
전문가의 판단을 무시한 'PD수첩' 087
1심재판부와 2심재판부의 판단 차이 094
우희종 교수의 대한의사협회 비난은? 101

3장 한국인은 체질적으로 광우병에 잘 걸리나

한국인은 광우병에 잘 걸리는 체질이다? 111
코돈 129번 MM형의 문제 117
쿠루병과 MM형 유전형 124
MBC 'PD수첩'이 과장한 인간광우병 발병 가능성 129
한국인의 광우병 발병 가능성과 사법부의 판단 136

4장 특정위험물질(SRM)은 무조건 안 된다?

특정위험물질(SRM)은 무조건 안 된다? 147

'PD수첩'과 우희종 교수의 왜곡과 무지 154

'PD수첩'이 왜곡 인용한 미국의 광우병 감시체계 159

기우일 수 있는 비정형광우병 165

특정위험물질에 대한 재판부 판단의 문제 172

5장 미국에서 광우병 발생하면 무조건 수입중단?

미국에서 광우병 발생하면 무조건 수입중단? 181

한미 쇠고기협상은 진정 졸속협상이었나 187

미국산 쇠고기에 대한 의혹 194

프로그램 제작과정에 대한 '알권리' 201

허위사실과 명예훼손에 대한 각 재판부의 판단 207

에필로그 216

뒷이야기 223

후주 227

※ **일러두기** 이 책에 쓰인 사진 자료는 PD수첩 화면을 캡처한 것입니다.

1장

주저앉는 소는 모두 광우병 소일까

주저앉는 소는 모두 광우병 소?

2008년 4월 29일 방영된 'PD수첩 광우병 보도'에서 '주저앉는 소를 광우병 소라고 보도한 부분'에 대하여 농식품부는 정정보도신청을 하였고, 재판부는 1심에서 '허위이므로 정정보도하라'고 판단하였으며, 원심 역시 '허위이며 MBC의 후속보도를 인정'한다는 판단을 하였고, 대법원은 원심판결을 확정하였다. 먼저 'PD수첩 광우병 보도' 편의 내용을 살펴보자.

"긴급취재! 미국산 쇠고기, 광우병에서 안전한가?"라는 제목의 방송을 시작하면서 사회를 맡은 송일준 PD는 중국 시위대의 폭력에 수수방관하여 국민을 보호하지 못한 정부의 자세를 비판하며 중국 시위대 폭력과 비교할 수 없게 심각한 것이 미국산 쇠고기 수입 문제라고 하였다.

사회자: 안녕하십니까? 송일준입니다. 이, 중국 시위대의 폭력을 수수방관한 정부당국의 자세에 속상한 국민들이 적지 않은 것 같습니다. 국가가 해야 할 중요한 일 가운데 하나가 국민을 보호하는 것임을 생각하면 최근 정부 당국의 자세는 걱정스럽다고 하지 않을 수가 없습니다. 그런데 이 중국 시위대의 폭력과는 비교할 수도 없게 심각한 것이 바로 미국 쇠고기 수입 문제입니다.

사회자: 네, 이, 지난해 10월 이후에 국내 반입이 중단됐던 미국산 쇠고기가 당장 다음 달부터 우리나라에 들어옵니다. 워낙 갑자기 벌어진 일이라 국민들의 혼란과 걱정이 이만저만이 아닙니다. 과연 미국산 쇠고기, 정부 당국자들의 말대로 먹어도 되는 건지 김보슬, 이춘근 피디가 취재했습니다.

중국 시위대의 폭력사건은 PD수첩 방송이 있기 이틀 전인 2008년 4월 27일 오후 2시경 베이징올림픽의 성화봉송 행사가 진행되고 있던 서울올림픽공원에서 일어났다. 일단의 중국 유학생들이 중국의 티베트인 인권탄압을 규탄하는 한국 인권단체 사람들, 심지어는 이를 말리던 경찰까지 폭행한 사건이다.

2008년 3월 독립을 요구하는 티베트인들의 평화적 시위를 중국 당국이 폭력과 살상으로 진압한 바 있다. 전 세계인이 중국 당국의 만행을 규탄하면서 베이징올림픽 참가거부를 요구했다. 당시 진행되던 올림픽성화봉송 행사장마다 베이징올림픽을 반대하는 시위가 열리고 있었다. 당연히 한국을 지나는 성화봉송 행사장에서도 "인권 없이는 올림픽도 없다(No Human Rights, No Olympic Games)"라는 구호를 내세운 한국 인권단체의 시위가 열렸고, 경찰은 성화봉송단의 보호에 나선 것이다.

한편 베이징올림픽의 성공적 개최를 성원하기 위하여 성화봉송 행사현장에 나선 중국 유학생들은 인권단체들이 베이징올림픽 보이콧을 외치는 것을 보고는 경찰저지선을 뚫고 시위에 동참한 내외국인을 막론하고 폭행하였다. 심지어 이를 막으려는 경찰까지 부상을 당한 것으로 알려지면서 국내 언론과 여론의 비난과 분노를 불러일으켰다. PD수첩은 이렇게 중국 시위대에 굴복한 한국 정부가 미국산 쇠고기 수입재개 협상마저 굴욕적으로 받아들여 큰일이라는 의미를 담아 방송을 시작한 것이다.

첫 번째 영상자료에서는 주저앉아 있는 소를 전기충격기와 물대포를 동원해 일으켜 세우려는 장면과 함께 "일어서! 아니면 죽어!"라는 자막이 나왔다. "미국은 2003년 첫 광우병 발생 후 주저앉는 증상을 보인 모든 소의 도축을 금지했다"라는 내레이션이 나오고, 화면은 "아마 대부분의 사람들은 심지어 이런 소가 도축됐다고는 생각하지 못할 거예요"라고 자막 처리된 휴메인 소사이어티 소속 마이클 그래거의 인터뷰가 이어졌다.

내레이션: 미국 캘리포니아에 있는 한 축산 농장. 한 남자가 전기충격기로 주저앉은 소를 찌르고 있다. 강한 충격을 줘서 일시적으로 일으켜 세우려는 것이다. 이른바 물대포로 충격을 주는 인부도 보였다.

미국 인부: 일어서! 아니면 죽어! 일어서! 아니면 죽어!(자료 1)

내레이션: 미국은 2003년 첫 광우병 발생 후 주저앉는 증상을 보이는 모든 소의 도축을 금지했다. 그러나 지금은 주저앉는 소라도 최초 검사를 통과한 후 주저앉으면 도축이 가능하다. 이 소들은 검사를 통과해 도축장으로 갔다.

마이클 그래거, 휴메인 소사이어티: 사람들이 이런 장면을 보고 상당히 충격을 받았을 거예요. 아마 대부분의 사람들이 심지어 이런 소가 도축됐다고는 생각하지 못할 거예요. 사실 그 도축업체는 미국 농무부가 2002년, 2003년 우수 공급업체로 지정한 곳이에요. 그것도 학교 급식 최우수업체로 말이죠.(자료 2)

MBC
LIVE
일어서! 아니면 죽어!

자료 1

MBC
LIVE
아마 대부분의 사람들이 심지어 이런 소가
도축됐다고는 생각하지 못할 거예요

자료 2

다음은 고 아레사 빈슨 씨의 장례식 장면이 이어지면서 "고 아레사 빈슨 씨, 그녀의 죽음은 가족뿐 아니라 이웃들에게도 큰 충격을 안겼다. 그리고 어쩌면 먼 이국땅의 우리에게도 충격이 될지 모른다. 그녀는 사망하기 전 인간광우병 의심 진단을 받았다"라는 내레이션이 나왔다.

그리고 미국 소비자연맹 수석연구원 마이클 핸슨의 인터뷰가 이어졌다. 인터뷰 내용은 "(미국산) 쇠고기를 먹는 사람들은 실험동물과 같다는 겁니다. 그저 미국에서 문제가 생기지 않기를 바랄 뿐이죠. 한국이 미국산 쇠고기를 수입하기로 결정한다면 한국인들 역시 같은 위험을 공유하게 되는 것입니다"라는 자막이 나왔다.

내레이션: 서울에서 쇠고기협상 타결이 임박해 있던 지난 4월 16일, 미국 버지니아에선 한 여성의 장례식이 열렸다. 고 아레사 빈슨 씨. 그녀의 죽음은 가족뿐 아니라 이웃들에게도 큰 충격을 안겼다. 그리고 어쩌면 먼 이국땅의 우리에게도 충격이 될지 모른다. 그녀는 사망하기 전 인간광우병 의심 진단을 받았다.

로빈 빈슨, 고 아레사 빈슨의 어머니: 너무 놀라운 일이었죠. 우리 딸이 걸렸던 병에 다른 수많은 사람들도 걸릴 수 있다는 것을 생각하면요.

마이클 핸슨, 소비자연맹 수석연구원: (미국산) 쇠고기를 먹는 사람들은 실

> 험동물과 같다는 겁니다. 그저 미국에서 문제가 생기지 않기를 바랄 뿐이죠. 한국이 미국산 쇠고기를 수입하기로 결정한다면 한국인들 역시 같은 위험을 공유하게 되는 것입니다.

미국 도축장에서 처리되고 있는 주저앉는 소들은 광우병 가능성 때문에 도축이 금지되어 있는데도 도축되었다는 설명과 함께 사망 전 인간광우병 의심진단을 받았다는 아레사 빈슨 씨의 장례식 장면을 연결했다. 즉, 인간광우병이 의심되는 그녀의 죽음이 역시 광우병에 걸렸을 가능성이 있을 것으로 추정되는, 미국에서 도축된 주저앉는 소와 관련되었을 것이라 연상할 수 있다. 바로 그 쇠고기가 우리나라에 들어온다니 큰일이라는 것이다.

다양한 원인으로 주저앉는 소

2008년 4월 29일 방영된 'PD수첩 광우병 보도' 편의 도입부에서 인용한 동영상은 미국 최대의 민간동물보호단체인 휴메인 소사이어티가 미국 내 도축장에서 벌어지고 있는 인부들의 동물학대행위를 고발하기 위하여 몰래카메라로 촬영한 것이었다.

휴메인 소사이어티 소속의 회원이 2007년 10월경 캘리포니아에 있는 홀마크 도축장에 위장취업해 촬영한 동영상을 2008년 1월 30일 공개했는데, 특히 주저앉는 소에 대한 도축장 인부들의 학대행위에 초점을 맞추었다. 즉, 전기충격기로 소의 얼굴을 찌르는 장면, 지게차로 밀어붙이는 장면, 주저앉는 소를 체인으로 묶어 끌고 가는 장면, 소의 코에 호스로 물을 뿌리는 장면 등이 포함되어 있었다.

여기서 미국 내에서 발견된 광우병 소의 사례들을 정리해보면, 2003년 12월 24일 워싱턴주에서 처음으로 6.5세 된 젖소에 발병한 사실이 확인되었는데, 이 소는 캐나다에서 수입한 것이었다. 그리고 2005년 6월 10일 텍사스주에서 발견된 12세 육우와 2006년 3월 13일 앨라배마주에서 발견된 10세 된 육우의 두 사례는 모두 미국산 소였다.

하지만 두 건의 미국산 소는 1997년 8월 반추동물에 대한 반추동물 유래 단백질 사료금지조치가 내려지기 이전에 출생하였으며, 정밀조사 결과 영국과 유럽에서 크게 유행한 광우병과 달리 동물성사료와 무관하게 발생하는 비정형광우병에 걸린 것으로 확인되었다.

비정형광우병은 영국에서 발생한 광우병과 비교할 때 원인물질인 프리온의 분자생물학적 특성이 다르다. 이를 사람에서 생기는 CJD와 비교한다면 인간광우병(vCJD)과는 다른 산발형 CJD(sCJD)에 해당한다고 할 수 있다.

비정형광우병은 2007년 9월까지 전 세계적으로 모두 37건이 보고되었을 뿐이다. 이 병은 주로 나이든 소에서 발생하는데, 어떤 경로로 발생하는지 아직까지 확인되지 않고 있다. 이뿐만 아니라 전형적인 광우병 증상을 보이지 않은 사례도 적지 않은데, 광우병 증상이 나타나지 않은 단계에서 생긴 다른 질병의 증상으로 도살되는 과정에서 광우병 예찰검사를 받아 우연히 발견된 것이다.

그동안 광우병으로 확진된 소들을 보면, 도축 당시 나이가 20개월에서 18살에 이르고 4~6년생이 대부분을 차지하고 있다. 암수나 품종에 따른 특별한 차이는 없다. 광우병에 걸린 소가 보이는 증상은 초기에는 별로 특별한 점이 없다. 다만 체중감소, 젖이 줄거나 착유를 거부하는 행동, 주저앉는 증상을 보일 수 있으므로 정밀검사를 실시해 비슷한 증상을 보이는 다른 질환과 구별해야 한다. 특히 광우병 초기에는 좋은 사료를 공급하는데도 잘 먹지 못하고 되새김질도 제대로 하지 못해서 비쩍 마르는 경우가 많다.

광우병 소가 보이는 비교적 특징적인 증상들을 행동장애, 감각장애, 운동장애로 구분할 수 있다. 외부 자극에 지나치게 과민한 반응을 보일 수 있는데, 몸을 떨거나 콧망울을 핥거나, 이를 가는 등의 행동을 보인다. 눈알을 신경질적으로 움직이거나 입술, 콧망울, 귀, 목 등을 미세하게 떨기도 한다. 그 밖에 사소한 접촉이나 소음, 빛에

민감하게 반응하여 크게 울거나 묶어둔 끈을 풀려고 몸부림을 치기도 한다. 예를 들면 막대기로 목이나 머리 부위를 자극하면 바로 머리를 흔들어대면서 검사하는 사람을 향하여 뿔을 겨누는 등 방어자세를 취한다.

병증이 진행되면 몸의 중심을 잘 잡지 못하기 때문에 쉽게 넘어지는데, 초기에는 금방 일어나서 도망간다. 하지만 증상이 심해지면 뒷다리를 비척거리다 힘이 부치면 주저앉고 만다. 즉 주저앉는 증상은 광우병 소가 말기에 보이는 증상이다.

하지만 영국형 광우병이 크게 유행하지 않는 지역에서 주저앉는 소를 보면 광우병보다 다른 원인을 먼저 생각하는 것이 옳다고 한다. 주저앉는 소는 대부분 골절 등 각종 부상, 산욕마비, 난산, 각종 질병에 따른 쇠약, 납이나 요소 등의 중독증, 마그네슘 부족 같은 대사성질환 등 60여 가지 질환에서 볼 수 있다.

어번대학 폴 왈즈 교수의 논문에 따르면 대사성질환, 자궁염, 대장균성 유방염, 근골격, 신경손상, 분만마비 골절 같은 부상 등의 순서로 주저앉는 증상이 많이 발생한다. 즉 주저앉는 증상을 보이는 소를 광우병 고위험군이라고 분류하는 것은 주저앉는 소 가운데 광우병에 걸린 소를 발견할 가능성이 정상소보다 높다는 의미일 뿐이다.

세계동물보건기구(OIE)도 주저앉는 소를 '광우병 임상의심축' 이 아닌 광우병 정밀검사를 받아야 하는 예찰그룹에 속하는 '사고소'로 분류하였다[OIE의 육생동물 위생규약 제11.6.21항의 광우병 예찰기준 중 '사고소'의 정의: "30개월 이상의 걷지 못하는 소, 드러누운 소, 외부 도움 없이 스스로 일어나거나 걷지 못하는 소, 30개월 이상의 절박(긴급)도축소, 생체검사에서 불합격한 소{절박(긴급)도축소, 기립불능우}로서 주저앉는 소를 포함"].

미국이 OIE에 수정 제안한 광우병 예찰시스템에서 주저앉는 소와 같은 광우병 고위험군에 대한 예찰을 강화한 것은 이와 같은 과학적 데이터를 바탕으로 한 것이다. 실제로 미국이 1990년부터 2009년 2월경까지 주저앉는 증상을 보이는 폐사소, 사고소, 광우병 유사증상을 보이는 소를 주로 하여 모두 97만 8,000여 두를 조사한 결과, 3마리의 광우병 소를 찾아낸 것이다.

미국 농무부가 주저앉는 소의 도축을 금지한 배경에는 광우병에 대한 대응조치 이외에도 도축되는 동물을 윤리적으로 대우할 것을 요구하는 동물보호단체의 주장이 있었다. 실제로 미국은 1958년 '자비로운 도살법'을 도입한 뒤 1978년 이를 확대하였는데, 모든 동물은 사슬에 묶여 라인 위로 끌어올려지기 전에 전문적으로 훈련받은 사람이 효과적인 기절장치를 사용하여 한번에 의식을 잃게 만들어야 한다는 조항이 있다.

주저앉는 증상을 보이는 소일지라도 재검사를 거쳐 사소한 원인이라고 판단될 경우 도축할 수 있다. 칼슘부족이 원인이건 심리적 원인이건 간에 검사받을 때는 멀쩡하다가 도축 직전에 쓰러진 소들 중 인위적으로 일으킨 소들도 도축장에 이르는 긴 통로를 걸어 들어가면 도축이 가능하지만 그렇지 못한 소들은 도축 대상에서 제외된다. PD수첩 광우병 편에서 방영한 동영상에서 인부들이 일으켜 세우려고 애쓰던 소들도 제 발로 걸어서 도축장에 들어서지 못하면 폐기될 운명이었던 것이다.

따라서 "미국은 2003년 첫 광우병 발생 후 주저앉는 증상을 보이는 모든 소의 도축을 금지했다. … 그러나 지금은 주저앉는 소라도 최초 검사를 통과한 후 주저앉으면 도축이 가능하다. 이 소들은 검사를 통과해 도축장으로 갔다"라는 내레이션은 정확한 것이 아니다.

실제로 휴메인 소사이어티가 2008년 1월 30일 홀마크 도축장의 동영상을 공개한 뒤인 2월 15일, 캘리포니아 검찰은 해당 도축장의 인부 2명에 대하여 '동물학대금지규정위반(살아 있는 동물에 대한 폭행, 신체절단, 고문, 상해행위)'과 '주저앉는 소 취급규정위반(기구를 이용해 주저앉는 소를 미는 행위)' 혐의로 기소하였다.

PD수첩 광우병 보도 편에 등장하는 주저앉는 소의 통통한 모습이나 전기봉으로 찌르는데도 신경질적인 반응을 보이지 않는 모습으로 보아 이 소들이 광우병에 걸렸을 것으로 보기 어렵다는 것이 수의학자들의 공통된 의견이다. 그럼에도 송일준 PD는 동영상이 끝난 다음 "광우병에 걸린 소의 도축되기 전 모습이 충격적"이라고 정리한 것이다.

억지만 가득했던 MBC 'PD수첩 광우병' 편

휴메인 소사이어티의 동영상과 고 아레사 빈슨의 장례식 장면에 이어 스튜디오가 나왔다. 스튜디오에는 소떼들 위로 "목숨 걸고 광우병 쇠고기를 먹어야 합니까"라는 글이 쓰여 있는 그림을 배경으로 사회를 맡은 송일준 PD가 앉아 있었다. 사회자는 "아까 광우병에 걸린 소 도축되기 전 모습도 충격적이고 또 아레사 씨인가요? 죽음도 충격적인데 광우병이 그렇게 무서운 병이라면서요?"라고 김보슬 PD에게 물었다.

이러한 장면 배치는 고 아레사 빈슨 씨가 미국산 쇠고기를 먹고 인간광우병에 걸렸을 가능성을 암시하고, 미국산 쇠고기를 먹게 되는 한국인 역시 같은 위험에 노출될 가능성이 있다고 연상할 수도 있게 했다.

송일준 PD와 김보슬 PD의 스튜디오 장면에 이어 버지니아의 고 아레사 빈슨 씨 집을 방문하여 취재한 내용이 이어진 다음, 주저앉는 소를 담은 동영상이 다시 나오면서, "이 동영상 속 소들 중 광우병 소가 있었다고 단정할 수는 없다. 그러나 이 소들이 실제로 광우병 소인지 여부도 알 길이 없다. 이미 도축돼 식용으로 팔려나갔기 때문이다"라는 내레이션이 나가고 마이클 그래거의 인터뷰가 이어졌다. 그의 인터뷰는 "현장책임자에게 왜 (광우병 의심소를 억지로 일으켜 도살하냐고) 물었더니"라고 자막으로 처리되었다.

> 내레이션: 이 동영상 속 소들 중 광우병 소가 있었다고 단정할 수는 없다. 그러나 이 소들이 실제로 광우병 소인지 여부도 알 길이 없다. 이미 도축돼 식용으로 팔려나갔기 때문이다.
>
> 마이클 그래거, 휴메인 소사이어티: 현장책임자에게 왜 (광우병 의심소를 억지로 일으켜 도살하냐고) 물었더니 관리자가 위에서 그렇게 시켰다고 하더군요. 일종의 회사 방침이라고 했습니다.(자료 3)

마이클 그래거와 마이클 핸슨의 인터뷰 내용을 더 살펴보면, "아마 대부분의 사람들이 심지어 이런 소가 도축됐다고는 생각하지 못할 거예요"라고 자막 처리된 마이클 그래거의 인터뷰 원문은 "I think a large percentage of population didn't even realize that dairy cows

자료 3

were slaughtered even" 이다. 직역하면 "아마 대부분의 사람들이 젖소가 도축됐다고는 생각하지 못할 거예요" 이다.

즉 마이클 그래거가 **'젖소'**라고 발언한 부분을 **'이런 소'**로 자막 처리함에 따라 인터뷰 장면에 앞서 나간 "미국은 2003년 첫 광우병 발생 후 주저앉는 증상을 보인 모든 소의 도축을 금지했다" 는 내레이션과 맞물려 '이런 소' 가 광우병에 걸린 소라고 시청자들은 연상할 수도 있다.

또한 "현장책임자에게 왜 (광우병 의심소를 억지로 일으켜 도살하냐고) 물었더니" 로 자막 처리된 마이클 그래거의 인터뷰 원문은

"When the employees who were charged with the animal cruelty were asked"로, 직역하면 "동물학대 혐의를 받고 있는 현장책임자에게 물었더니"가 될 것이다. 이 부분은 "동물학대 혐의를 받고 있는"이라는 발언을 생략한 대신 마이클 그래거의 발언에 없는 "광우병 의심소를 억지로 일으켜 도살하냐고"라는 구절을 괄호로 묶어 자막 처리하였다.

PD수첩 광우병 편에서 방송한 휴메인 소사이어티의 고발 동영상에 등장하는 소는 통상 광우병에 걸린 소처럼 삐쩍 마른 모습이 아니라 통통하고 전기봉으로 찌르는데도 고개를 뒤로 젖혀 피할 뿐 신경질적인 반응을 보이거나 도축장 인부를 공격하는 듯한 모습은 볼 수 없었다.

그럼에도 PD수첩 제작진은 "현장책임자에게 왜 (광우병 의심소를 억지로 일으켜 도살하냐고) 물었더니 관리자가 위에서 그렇게 시켰다고 하더군요. 일종의 회사 방침이라고 했습니다"라는 휴메인 소사이어티 관계자 마이클 그래거의 인터뷰에 "광우병 의심소를 억지로 일으켜 도살하냐고"라는, 그가 하지도 않은 말을 자막으로 넣었다.

PD수첩 쪽에서는 2003년 12월 미국에서 첫 번째 광우병 소가 발견된 다음 내려진 주저앉는 소 도축금지규정에 2007년에는 최초 검사에 통과한 소가 도축되기 전 주저앉더라도 농무부 조사관이 식용에 적합하다는 판정을 내리면 도축이 가능하도록 하는 예외규정을 둠에 따라 식품안전체계에 구멍이 뚫린 것이라고 설명하였다. 즉, 조사관이 도축되는 소의 위해성을 가려내는 수준을 신뢰할 수 있겠느냐는 문제를 제기한 것이다. 휴메인 소사이어티의 동영상에 있는 소를 마치 광우병에 걸려 주저앉는 소처럼 인용한 것은, 미국의 도축장에서 도축 전 검사가 제대로 되지 않는 불법도축 실태로 볼 때 광우병 통제시스템이 제대로 작동하는지 의심할 수밖에 없는 상황이라는 것을 보여주려는 의도였던 것 같다.

해당 동영상이 공개된 다음, 우리 언론에서도 "미국의 한 도축장에서 광우병이 의심되는 소를 학대해 강제 검역받은 동영상이 공개돼 충격을 주고 있다(세계일보 2008년 2월 5일자 '광우병 의심소 강제 검역 동영상 파문' 기사)"라는 내용으로 보도된 바 있다. 하지만 동영상 공개 후 시간이 지나면서 "농무부의 조사결과에 따르면 학대받은 소들은 제대로 일어서지 못하는 병에 걸린 '다우너' 소들이었다. 규정상 다우너 소는 식품으로 사용될 수 없다. 광우병에 감염될 위험성이 일반 소보다 높기 때문이다(동아일보 2008년 2월 19일자 '미 사상 최대 쇠고기 리콜, 병든 소 도축 2년간 유통' 기사)"라는 등 냉정을 되찾은 논조의 보도가 이어진 것을 자세히 검토하지 못했던 것 같다.

또한 '젖소'를 '이런 소'라고 자막 처리하여 광우병 소를 연상케

한다거나, '동물학대 혐의를 받고 있는' 이라는 발언은 생략하고 '광우병 의심소를 억지로 일으켜 도살하냐고' 란 말을 만들어 괄호에 넣어 자막 처리한 것에 대해서 PD수첩 측은 취재 내용으로는 시청자에게 의미를 제대로 전달하기 어려울 것이라 여겨 보충한 것이라고 주장하였다. 제한된 시간 안에 취재자료를 효율적으로 요약 전달하기 위한 제작기법이라는 것이다. 미국에서 도축되는 소들이 광우병 위험이 크다는 전제를 가지고 취재가 진행되었음을 시사하는 대목이다.

PD수첩 측의 이러한 주장은 프로그램을 제작하기 위하여 취재한 원본 테이프를 봐야 확인할 수 있겠지만, PD수첩 측이 자신들의 주장을 뒷받침할 테이프 공개마저 거부하는 바람에 공감하기 어렵다고 할 것이다.

괴담으로 번진 광우병

재판과정에서 PD수첩 측은 휴메인 소사이어티의 동영상을 인용한 것과 관련하여, 동영상 속 주저앉는 소가 광우병에 걸린 소라거나 광우병에 걸렸을 확률이 매우 높다는 것이 아니라 미국의 도축장에서 광우병 검사규정을 위반하여 주저앉는 소를 불법도축한 실태를 전달하고 미국에서 광우병 위험이 효과적으로 통제되고 있는지 의문을 제기한 것이라고 하였다.

그리고 휴메인 소사이어티의 고발이 주저앉는 소에 대한 동물학대행위를 고발한 것임에도, 주저앉는 소에 대한 광우병 검사규정을 위반한 불법도축 실태를 고발한 것이라고 해명하였다. 하지만 송일준 PD는 한 발 더 나아가 동영상에 나오는 소가 '광우병에 걸린 소'라고 단정하였고, 이를 인간광우병에 걸린 것으로 의심된다는 아레사 빈슨 씨의 죽음과 연결했다.

사회자: 네. 김보슬 피디, 아까 그, 으, 광우병 걸린 소, 어, 도축되기 전 그런 모습도 충격적이고, 또 어, 아레사 씬가요? 어, 죽음도 아주 충격적인데. 에, 광우병이 그렇게 무서운 병이라면서요?

김보슬: 음, 그렇습니다. 예방도 치료도 할 수 없는 병이고요. 0.1g의 위험물질만으로도, 어, 감염이 되기 때문입니다. 끓여 먹거나 익혀 먹어도 감염 물질이 사라지지도 않고, 감염되면 100% 사망하는 병입니다. 무엇보다 21세기 신종 전염병이라 아직 정확하게 모든 것이 연구되거나 알려지지 않아서 더욱 무서운 병입니다.

PD수첩 방송이 우리 사회에 미친 영향에 대하여 서울경제신문 이상훈 기자는 '기자, 편집된 진실을 말하다'에서 다음과 같이 적고 있다.

> 광우병과 관련된 보도를 하면서 소가 비틀거리며 넘어지는 영상을 보여주며 광우병에 걸린 소로 설명하자 민심은 난리가 났다. '저런 소를 어떻게 먹느냐'라고(물론 동영상 속의 소는 후일 미국의 시민단체가 동물학대를 고발하기 위해 찍은 영상이라는 사실이 드러났다. 광우병과는 전혀 상관이 없는).
> 이때 사람들이 촛불을 켜고 광장으로 모인 것은 바로 '미국 쇠고기는 안전하지 않다'는 무의식 수준에 가까운 판단이 '광우병에 걸린 소'인 양 잘못 소개된 동영상으로 강화됐기 때문이다. 뇌리에 강렬한 인상을 남기고, 이전 판단과도 일치하는 영상이라면 판단 재료로는 더없이 좋다.

즉 휴리스틱스(heuristics)적 사고의 전형이라는 것이다. 다양한 증거를 바탕으로 논리적 사고를 통하여 결론에 이르는 알고리즘적 사고와 달리 휴리스틱스적 사고는 자신의 경험, 직관 혹은 유추해석을 통하여 문제해결 과정을 단순화하는 접근방식이다.

유럽에서 육골분이 수입되었다고 해서 국내산 쇠고기의 광우병 위험문제가 제기된 2000년 제1차 광우병 파동을 통하여 우리 국민에게는 광우병의 심각성에 대한 개념이 이미 형성되어 있었다. 따라서 PD수첩 광우병 편에서 보여준 주저앉는 소와 인간광우병에 걸린 것으로 의심된다는 환자의 영상은 공포를 느끼기에 충분하였을 것이다. 전염병에 대한 면역을 획득하기 위하여 백신을 주사할 때 일정 시간 간격을 두고 몇 차례 나누어 맞음으로써 면역력이 증폭되는 효과와 비슷하다.

송일준 PD의 질문에 "(광우병은) 예방도 치료도 할 수 없다"라는 김보슬 PD의 답변을 들은 시청자들은 절망적인 느낌이었을 것이다. 그러나 치료방법이 없다는 것은 맞지만 예방법이 없는 것은 아니었으니 김보슬 PD의 답변은 반만 맞은 것이다.

육골분의 원료로 섞여 들어간 광우병 소의 사체가 광우병 대규모 확산의 원인이었다는 사실을 밝혀낸 영국 정부는 반추동물유래 육골분을 사료로 사용하지 못하도록 하는 사료금지조처 등 광우병 확산을 차단하는 적극적인 정책을 시행했다. 그 결과 가파르게 상승하던 광우병 소 발생 숫자가 1992년 3만 6,680마리를 정점으로 매년 절반 수준으로 빠르게 감소하였다.

결국 2010년 7월 유럽연합(EU)은 유럽에서 광우병의 박멸이 임박했음을 선언하였다. 존 달리 유럽 보건 및 소비자 정책국장은 "유럽연합은 광우병(BSE)과의 전쟁에서 위대한 진전을 이루었고, 마침내

연방 내에서 질병의 박멸을 목전에 두고 있다" 라고 말했다. 국제동물질병사무국(OIE)에 따르면, 2011년에는 영국 등 6개국에서 광우병 소가 10마리 발견되어 그 지난해의 45두와 비교해도 큰 폭의 감소세를 이어가고 있는 것이다.

0.1g의 위험물질만으로도 감염된다는 김보슬 PD의 말도 듣기에 따라서는 쇠고기 0.1g만으로도 사람에게 인간광우병이 전달될 수 있는 것으로 이해한 사람도 있을 것이다. 하지만 영국의 웰스 박사의 실험에 따르면 광우병 원인물질이 가장 많이 들어 있는 광우병 소의 뇌조직 0.1g을 건강한 소가 먹었을 때 광우병에 감염될 확률은 50%였다.[1] 또한 소의 광우병이 영장류에 전달되는 데는 종간 벽이 존재한다는 사실이 라스메자스의 영장류 실험에서 윤곽이 드러났다. 박사는 필리핀원숭이 두 마리에 광우병 소의 뇌를 5g씩 먹였더니 두 마리 중 한 마리가 광우병 증상을 나타냈다는 것이다.[2]

광우병에 걸린 소라고 해도 쇠고기에 해당하는 소의 근육에는 광우병의 원인물질인 변형프리온이 검출이 어려울 정도로 미미하게 포함되어 있기 때문에 도축과정에서 뇌조직에 오염되지 않는 한 문제가 되지 않는다는 것이 전문가들의 판단이다.

PD수첩 광우병 편이 방영된 직후 인터넷에서는 후추로 양념한 치킨을 먹었는데 광우병에 걸리는 것 아니냐는 어린 학생들의 걱정이 담긴 글이 퍼져나가기 시작했다. 국민건강을 위한 수의사연대의 박상표 국장이 "후추 한 알의 1,000분의 1에 해당하는 0.001g이라는 눈에 보이지도 않는 적은 양으로도 광우병을 옮길 수 있다"[3]라고 한 주장과 맞물려 괴담으로 환생한 것으로 보인다. 후추씨는 당연히 광우병과 관련이 없다.

끓이거나 익혀서 먹어도 감염물질이 사라지지 않는다는 말은 "600도의 높은 열을 가하거나 시체를 담그는 포르말린에 넣어도 죽지 않으며, 방사선이나 자외선에도 끄떡없다"는 박상표 국장의 주장에 따른 것으로 보이나, 변형프리온의 감염력은 조리하는 수준으로 끓이는 것만으로도 5,000에서 10만 분의 1 수준으로 떨어진다고 하는 프루시너 박사팀의 연구결과도 참고할 필요가 있다.[4]

'감염되면 100% 사망하는 병'이라는 김보슬 PD의 주장도 정확하지 않다. 광우병 관련 질환의 원인이 되는 변형프리온이 체내에 들어오더라도 아주 오랜 잠복기를 지나야 증상이 나타난다. 그뿐만 아니라 사람의 형질에 따라서는 잠복기가 더욱 길어져 죽기 전에 증상이 나타나지 않는 경우도 있다. 김보슬 PD는 광우병과 관련된 과학적 사실들을 깊이 파악하지 않고 방송에 임한 것이 아닌가 하는 인상을 지울 수 없다.

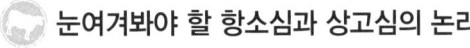

눈여겨봐야 할 항소심과 상고심의 논리

PD수첩 광우병 편에 대한 명예훼손과 업무방해 혐의에 대한 형사 1심재판은 서울지방법원 문성관 판사의 단독심리로 진행되어 2010년 1월 20일 선고가 있었다. 주저앉는 소를 '광우병에 걸린 소'로 보도한 사실에 대하여 법원은 '허위가 아니다'라고 판단했다. 정정보도 신청 건에서 '허위'로 판단하여 정정보도하도록 결정한 민사1심 법원의 판단과는 반대되는 결과였다.

문성관 판사는 판결문에서 "허위사실 적시에 의한 명예훼손의 점에 관한 판단"을 하면서 "피고인들에 대하여 형법 제307조 제2항의 허위사실 적시에 의한 명예훼손의 책임을 물으려면, 사람의 사회적 평가를 떨어뜨리는 구체적인 사실이 적시되고, 그 적시된 사실이 객관적으로 진실에 부합되지 아니하여 허위일 뿐 아니라 그 적시된 사실이 허위라는 것을 피고인들이 인식하고서 이를 적시하였다는 점이 법관으로 하여금 합리적인 의심의 여지가 없을 정도로 입증되어야 하고, 이 경우 적시된 사실이 허위의 사실인지 여부를 판단함에 있어서는 적시된 사실의 내용 전체의 취지를 살펴보아 중요한 부분이 객관적 사실과 합치되는 경우에는 그 세부에 있어서 진실과 약간의 차이가 나거나 다소 과장된 표현이 있다고 하더라도 이를 허위의 사실이라고 볼 수 없다(대법원 2008도1421 판결, 대법원 2004도207 판결)"라고 하였고, "또한 언론보도의 내용이 특정인의 명예를 훼손하는 내용을 담고 있는지 여부는 일반 시청자가 방송보도를 접하는 통상의 방법을 전제로 그 보도내용의 전체적인 취지와의 연관하에서 보도의 객관적 내용, 사용된 어휘의 통상적인 의미, 문구의 연결방법 등을 종합적으로 고려하여 그 보도가 독자에게 주는 전체적인 인상을 기준으로 판단하여야 할 것이다(대법원 2000다37524 판결)"라고 전제하였다.

문성관 판사는 이 부분 보도내용에 대하여 동영상과 내레이션, 인터뷰 등과 함께 송일준 PD가 **"아까 광우병 걸린 소"**라고 말한 사실도 인정하였음에도, 프로그램이 "시청자에게 주는 전체적인 인상을 고려하여 보면, 이 부분 다우너 소 관련 보도내용의 의미는 광우병 의심이 있는 다우너 소들이 불법적으로 도축되어 식용으로 유통되었다는 것"이라고 판단하였다.

보도내용의 허위사실 여부를 판단하면서 미국에서 발견된 광우병 소 3마리가 모두 주저앉는 증상 이외에 광우병의 다른 특이적 증상을 보이지 않은 점, 미국이 첫 번째 광우병 소 발견 이후 주저앉는 소 도축금지규정을 마련한 점, 국제동물보건기구가 미국이 시행하는 사료금지조치가 교차오염 등의 문제로 광우병 위험을 효과적으로 통제할 수 없다고 평가한 점, 미국의 0.1% 검사비율보다 월등히 높은 도축소 3%에 대하여 광우병 검사를 하는 캐나다나 전수조사를 하는 일본에서도 광우병 소가 지속적으로 발견되는 점으로 미루어 미국에서 광우병 소가 추가로 발생할 가능성이 있다고 볼 수 있는 점 등을 들어, "이 사건 동영상 속에 등장하는 다우너 소들이 광우병에 걸렸을 가능성이 거의 없다고 단정할 수 없고, 따라서 피고인들이 위 동영상 속에 등장하는 다우너 소들을 **'광우병 의심소'**라고 보도하였다고 하여 이를 허위사실이라고 볼 수 없다"라고 판단하였다.

형사1심 재판 결과에 대하여 검찰은 일반적으로 소가 주저앉는 증상이 발생하는 원인은 대부분의 이유를 차지하는 산욕마비를 비롯한 대사성 병, 부상, 난산 등 수십여 가지나 되고 광우병은 극히 일부에 지나지 않는다는 점, 미국의 광우병 통제시스템은 국제동물보건기구가 광우병 소 검사기준을 변경하기 이전부터 광우병 위험이 큰 폐사소, 사고소에 집중하여 소 97만여 마리를 대상으로 광우병 검사를 실시한 결과 비정형광우병 소를 2건 추가로 발견하여 광우병이 모두 3건 발생하였으며, 특히 동물성 사료금지조처를 취한 1997년 8월 이후 출생한 소에서는 광우병에 걸린 소가 한 마리도 발견되지 않은 점 등을 살펴볼 때, 이 사건 방송의 동영상 속에 나오는 주저앉는 소들이 광우병에 걸렸거나 걸렸을 가능성이 크지 않으므로, '이 사건 방송의 동영상 속에 나오는 주저앉는 소들이 광우병에 걸렸거나 걸렸을 가능성이 매우 크다' 는 부분과 '아까 광우병 걸린 소' 부분은 객관적 사실과 다른 허위라는 취지를 항소이유에 담았다.

PD수첩 광우병 편의 명예훼손 및 업무방해 혐의에 대한 항소심은 서울지방법원 제9형사부의 심리로 진행되어 2010년 12월 2일 선고가 있었다.

항소심 재판부는 PD수첩 광우병 편의 방송보도 내용을 "이 부분 방송보도의 흐름, ① 이 사건 다우너 소 동영상과 아레사 빈슨이 인간광우병 의심 진단을 받고 사망했다는 내용과의 연결, ② '아까 그 광우병 걸린 소 도축되기 전 그런 모습도 충격적이고 또 아레사 씨인가요? 죽음도 아주 충격적인데 광우병이 그렇게 무서운 병이라면서요?' 라는 송일준 PD의 말, ③ 휴메인 소사이어티 마이클 그래거의 인터뷰를 '사람들이 심지어 이런 소[실제로는 dairy cow(젖소)인데 이렇게 번역]가 도축되었다고는 생각하지 못할 거예요' 라고 자막 처리한 부분과 '현장책임자에게 왜 (광우병 의심소를 억지로 일으켜 도살하느냐고) 물었더니 관리자가 위에서 그렇게 시켰다고 하더군요. 일종의 회사방침이라고 했습니다' [( ) 안의 부분은 원문에 없는 것을 피고인들이 삽입한 것임]라는 영어 인터뷰를 번역한 자막의 내용 등을 종합해보면, '이 동영상 속 소들 중 광우병 소가 있었다고 단정할 수는 없다'는 내레이션이 있기는 하나, 시청자에게 주는 전체적 인상에 따른 이 부분 방송보도의 내용은 **'이 사건 다우너 소 동영상에 나오는 다우너 소들은 광우병에 걸린 소들이거나 광우병에 걸렸을 가능성이 매우 큰 소들이다'**라는 것"으로 판단하였다.

항소심 재판부는 PD수첩 광우병 편에서 다룬 미친 소와 관련된 부분의 방송분에 대한 허위 여부를 판단하는 데 수의학을 전공한 증인들의 법정진술과 검찰에서 제출한 자료들 가운데 '① 소가 주저앉는 증상이 발생하는 원인에는 광우병 외에도 대사장애, 골절·상처, 질병으로 인한 쇠약 등 수십 가지 다양한 원인이 있고, 그중에서 대사성질병, 자궁염, 유방염, 골절 등이 주요 원인을 차지한다. ② 미국에서 2003년 12월경, 2005년 6월경, 2006년 3월경 총 3건의 광우병 소가 발견되었는데, 그중 1건은 캐나다에서 출생한 소이고, 2건은 1997년 8월 이전에 출생한 소이다. 미국이 동물성사료 금지조치[반추동물(소, 양과 같이 되새김질을 하는 동물)에서 유래한 단백질을 이용하여 만든 사료를 반추동물에게 사용하는 것을 금지하는 조치]를 취한 1997년 8월 이후 미국에서 출생한 소 중 광우병에 걸린 소는 현재까지 발견되지 않았다. ③ 우리나라에서 2002년부터 2009년 2월까지 주저앉는 증상을 보인 사고소 1만 1,642마리, 대부분 주저앉는 증상을 보였을 것으로 추정되는 폐사소 845마리를 대상으로 광우병 검사를 하였으나 그중 광우병 소는 발견된 적이 없다'는 점을 인용하여 "이러한 점에 비추어 보면 이 사건 다우너 소 동영상에 등장하는 다우너 소들이 광우병에 걸렸을 가능성은 그다지 크지 않아 보인다"라고 판단하고, **"이 사건 다우너 소 관련 보도의 내용은 허위이다"**라고 결정한 것이다.

이 건의 상고심을 심리한 대법원 제2부는 "원심판결이 공소사실에 적시되어 있는 진행자의 발언, 인터뷰 번역내용 등에 대하여 객관적 사실과 다른 사실이 있는지를 확인하여 그 결과를 판결이유에 설시하고 있을 뿐만 아니라, 그러한 세부적 방송내용이 포함된 전체 방송보도내용의 허위 여부를 판단하고 있으므로, 원심판결에는 … 판결에 영향을 미친 위법이 없다"라고 판단하여 PD수첩 광우병 편의 주저앉는 소와 관련된 보도내용이 허위라는 점을 최종 확인한 것이다.

항소심과 상고심의 판단은 1심재판부의 판단과 1심재판부에서 증언한 전문가들의 전문성을 문제 삼은 '광우병국민대책회의' 등 사회단체의 성명서에 언급된 주저앉는 소에 대한 다음 내용과 비교된다. "다우너는 광우병의 주요 임상증상 가운데 하나이며, 그렇기 때문에 보행불능의 다우너 소를 광우병 위험소로 간주하는 것이 국제적 입장이라는 것은 OIE의 공식 홈페이지에서도 확인이 가능하다. 그리고 미국에서 다우너 소에 대한 부분적 도축금지를 시행한 시점은 첫 번째 광우병 소가 발생한 시점이고 그 이유는 광우병이 발생한 것 때문이다. … 검찰은 의학적 사실을 아직 모르거나 알면서도 짜 맞추기 수사를 위해 왜곡했던 것으로 판단된다."

광우병에 걸렸을 가능성이 크지 않은 동영상으로 광우병 소를 만들어낸 PD수첩 제작진의 가상한 노력을 지원하기 위한 성명서로 보기에는 많이 허술하다는 생각이 든다.

2장

아레사 빈슨 씨는 인간광우병으로 사망했나

아레사 빈슨 씨가 인간광우병으로 사망했다?

동서를 막론하고 장례식장 분위기는 무거울 수밖에 없다. 특히 젊은이의 죽음은 가족에게 더욱 애달픈 일이지만, 지켜보는 이는 한편으로는 안쓰럽기도 하면서 사인이 궁금해지기 마련이다. 'PD수첩 광우병' 편은 주저앉는 소에 관한 동영상으로 시작하여 장중한 음악이 배경에 흐르는 장례식 장면으로 이어졌다. 주저앉는 소와 장례식 장면이 무슨 연관이 있을까 궁금해 할 시청자를 위하여 내레이션으로 그녀의 사망 원인을 밝혔다.

내레이션: 서울에서 쇠고기협상 타결이 임박해 있던 지난 4월 16일, 미국

버지니아에선 한 여성의 장례식이 열렸다. 고 아레사 빈슨 씨. 그녀의 죽음은 가족뿐 아니라 이웃들에게도 큰 충격을 안겼다. 그리고 어쩌면 먼 이국땅의 우리에게도 충격이 될지 모른다. 그녀는 사망하기 전 인간광우병 의심 진단을 받았다.

내레이션에 이어 "너무 놀라운 일이었죠. 우리 딸이 걸렸던 병에 다른 수많은 사람들도 걸릴 수 있다는 것을 생각하면요"라는 아레사 빈슨 씨의 어머니 로빈 빈슨 씨의 인터뷰를 통하여 아레사 빈슨이 인간광우병으로 사망했다는 인식이 시청자들의 뇌리에 자리 잡게 되었을 것이다.

이는 로빈 빈슨이 인터뷰에서 "It still so amazed me that there's so many people who are involved with this disease that my daughter could possibly have, and they only lets me know that others can be affected by this"라고 말한 부분으로, "너무 많은 사람들이 내 딸이 걸렸을지도 모르는 이 질병에 관여한다는 것이 신기했어요. 다른 사람들도 내 딸과 같은 병에 걸릴 수 있다고 하더군요" 정도로 번역할 수 있음에 비추어 보면 역시 의도적 왜곡이 의심된다 하겠다. 특히 **'걸렸을 수도 있는'**이라고 번역해야 할 'could possibly have'를 **'걸렸던'**으로 자막 처리함으로써 시청자들이 아레사 빈슨이 인간광우병에 걸렸던 것으로 인식할 가능성이 높았다.

로빈 빈슨의 인터뷰에 이어지는 마이클 핸슨의 인터뷰는 미국산 쇠고기의 광우병 위험을 다시 상기하고 미국산 쇠고기를 수입하게 되는 한국인 역시 같은 운명이 될 것임을 예고해 지켜보는 사람의 마음을 움츠러들게 만든다.

> 마이클 핸슨, 소비자연맹 수석연구원: (미국산) 쇠고기를 먹는 사람들은 실험동물과 같다는 겁니다. 그저 미국에서 문제가 생기지 않기를 바랄 뿐이죠. 한국이 미국산 쇠고기를 수입하기로 결정한다면 한국인들 역시 같은 위험을 공유하게 되는 것입니다.

미국의 일부 소비자단체가 미국산 쇠고기의 광우병 위험을 경고하는 발언을 중점적으로 부각하는 이외에 일반 미국 국민들의 견해는 취재조차 하지 않은 듯, PD수첩은 “그간 정부에서는 미국산 쇠고기를 반대하는 사람들에게 미국 사람들도 잘 먹는 쇠고기를 왜 우리 국민들만 난리냐 이런 얘기를 했었습니다. 하지만 정작 미국 사람들은 그 어느 때보다 쇠고기에 대해서 굉장히 불안해하고 있습니다”라는 김보슬 PD의 일방적인 주장으로 마무리하고 있다. 하지만 필자가 여러 차례 미국을 방문하면서 만난 보통 미국 사람들로부터 미국산 쇠고기의 광우병 위험에 대하여 심각하게 우려하는 말을 들은 기억은 없다.

장면은 아레사 빈슨의 가족이 살고 있는 버지니아주 포츠머스의 집으로 이어졌다. 로빈 빈슨이 아레사가 사용하던 방으로 취재진을 안내하면 "지금도 딸의 방에 오면, 살아생전 딸의 온기가 느껴진다고 했다"라는 설명이 내레이션으로 나온다. 시청자들로 하여금 로빈 빈슨의 슬픔에 동참하게 만드는 대목이다.

장면은 아레사 빈슨의 사망에 관한 TV방송으로 이어졌다. 뒤에서 상세하게 설명하겠지만, PD수첩 광우병 편에서는 아레사 빈슨이 인간광우병이 의심되는 질병으로 사망했다는 사실만 다루었을 뿐 그녀의 경과 혹은 다른 진단 가능성은 전혀 언급하지 않았다.

2008. 4. 8 미국 WAVY TV 남자 앵커: 인간광우병에 걸렸을지 모르는 한 포츠머스 여성의 일로 혼란스러워하시거나 걱정하는 분들이 많으실 것 같습니다.

2008. 4. 8 미국 WAVY TV 여자 앵커: 의사들에 따르면 아레사가 vCJD라는 변종 크로이츠펠트 야콥병에 걸렸다고 합니다. 이 병은 뇌질환으로 뇌에 스펀지처럼 구멍이 뚫리는 것입니다. 이게 바로 인간광우병입니다.(자료 4)

자료 4

2008. 4. 8 미국 WAVY TV 다른 여자 앵커: 인간광우병은 잠복기가 깁니다. 만일 아레사가 변종 크로이츠펠트 야콥병이 맞는다면 그 원인은 10년 혹은 그보다 더 오래전에 먹은 음식 때문일 수도 있습니다.

WAVY TV에서 4월 8일 방송한 내용의 일부를 인용하였지만(아레사 빈슨은 4월 9일 사망하였음), WAVY TV는 4월 7일 메리뷰병원에 입원하고 있는 한 여성의 질병에 대하여 언급하면서 운동능력 저하와 기억력 감퇴 증상으로 보아 확률이 100만분의 1인 CJD의 가능성을 생각하고 있다고 전했다. PD수첩이 인용한 4월 8일 방송분에서는 인간광우병 가능성을 우려하면서도 CJD에 걸렸다고 확진할 단계는 아니며 의인성 CJD의 가능성도 내비쳤다. 당연히 아레사 빈슨이 3개월 전에 위수술을 받았다는 사실도 포함되어 있다.

로빈 빈슨, 고 아레사 빈슨의 어머니: 사실은 내 딸이 인간광우병에 걸릴 수 있다는 것을 이해할 수 없었고, 너무 충격적이었어요.

내레이션: 2주 전만 해도 아레사는 올해 진학한 대학원 수업을 준비 중이었다. 그런데 갑자기 눈앞의 사물이 흐려지고 걷는 것도 부자연스러웠다고 한다.

로빈 빈슨, 고 아레사 빈슨의 어머니: 아레사가 걷는데 갑자기 다리가 이렇게 풀리기 시작했어요. 그래서 평소와 달리 뭔가 잘못됐다고 생각했죠. 정상이 아니었어요.

내레이션: 상태는 하루하루 악화됐다. 아레사는 병원으로 옮겨져 정밀검사를 받았고 가족들은 의사로부터 청천벽력 같은 얘기를 들었다.

로빈 빈슨, 고 아레사 빈슨의 어머니: MRI 검사 결과 아레사가 vCJD(인간광우병)일 가능성이 있다고 하더군요. (아레사를 위한) 치료법이 없다는, 고칠 수 없다는 말을 듣는데 믿을 수가 없었어요.

내레이션: 발병 후 일주일 만에 아레사는 사망했다.

아레사 빈슨이 생전에 위수술을 받은 사실은 사인을 밝히는 데 매우 중요하다. 그럼에도 PD수첩 광우병 편에서는 이를 볼 수 없다. 내레이션을 통하여 발병 일주일 만에 죽음을 맞았다고 주장한 것은 인간광우병의 비극을 시청자들에게 강하게 부각하려는 의도로 보인다. 하지만 전문가 입장에서 보면, PD수첩은 이미 아레사 빈슨이 인간광우병과 관련이 없다는 점을 스스로 인정한 꼴이다.

방송이 만들어낸 아레사 빈슨의 사인

PD수첩 광우병 편은 고 아레사 빈슨이 인간광우병으로 사망했을 가능성을 부각하는 장면들로 구성되어 있다. 아레사 빈슨의 사인에 관한 자료는 모두 4개이다. 인간광우병 가능성을 단정적으로 거론한 이는 아레사의 모친 로빈 빈슨이다. 또 현지 방송인 WAVY TV의 방송자료와 버지니아 보건당국의 관계자 인터뷰, 그리고 아레사의 주치의 바롯의 인터뷰 등이다.

아레사 빈슨이 사용하던 방을 보여주는 화면에 이어 WAVY TV 방송자료를 인용하면서, 여자 앵커의 발언에서 '의사들에 따르면 아레사가 vCJD라는 변종 크로이츠펠트 야콥병에 걸렸다고 합니다' 라는 번역 자막을 내보냈다. 하지만 이 자막에 해당하는 여자 앵커의 발언은 "doctors suspect Aretha has variant Creutzfeldt-Jakob disease, or vCJD" 로서 "의사들은 아레사가 vCJD에 걸렸다고 의심하고 있다" 로 번역할 수 있다. 즉 PD수첩은 **'vCJD의 가능성을 의심하고 있다'**고 한 보도를 **'vCJD에 걸렸다'**고 단정적으로 번역해 인용한 것이다.

이어서 "사실은 내 딸이 인간광우병에 걸릴 수 있다는 것을 이해할 수 없었고, 너무 충격적이었어요" 라는 로빈 빈슨의 인터뷰가 이어졌다. 이 부분 역시 "how my daughter could possibly have" 라고 말한 것으로 "어떻게 인간광우병에 걸릴 수가 있다는 것인지" 라고 번역할 수 있지만, 실제 의미는 '걸렸을 리가 없다' 에 가까운 부정적 뉘앙스를 담고 있는 것으로 보아야 한다는 것이 번역전문가의 견해다. 역시 아레사가 인간광우병에 걸렸다는 인상을 시청자에게 남기려 한 것이 아닌가 의심되는 대목이다.

그리고 "상태는 하루하루 악화됐다. 아레사는 병원으로 옮겨져 정밀검사를 받았고 가족들은 의사로부터 청천벽력 같은 얘기를 들었다" 라는 내레이션에 이어 "MRI 검사 결과 아레사가 **vCJD(인간광우병)**일 가능성이 있다고 하더군요. (아레사를 위한) 치료법이 없다는, 고칠 수 없다는 말을 듣는데 믿을 수가 없었어요" 라는 로빈 빈슨의 인터뷰가 이어졌다. 하지만 이 부분 역시 로빈 빈슨이 **CJD**라고 말한 것을 **vCJD**로 자막 처리한 것으로 드러났다.

이 부분의 오역에 대해 논란이 일자, PD수첩 측에서는 로빈 빈슨이 CJD와 vCJD를 혼동했다는 주장과 함께 CJD가 vCJD의 상위개념이라는 주장을 내놨다. 하지만 PD수첩이 취재한 자료에는 로빈 빈슨이 CJD와 vCJD를 확실하게 구분하였다고 할 근거가 많았다는 점을 고려한다면 무리한 주장으로 보인다. 대표적인 예를 들면, 로빈 빈슨이 병원에서 아레사가 CJD에 걸렸을 수도 있다는 말을 들었다면서 이어서 "we had to find out about CJD and about vCJD" 라고 말했다. "우리는 CJD와 vCJD라는 병이 어떤 병인지 알아보려 했다"는 의미로 CJD와 vCJD를 구분하였음을 보여준다 하겠다.

"발병 후 일주일 만에 아레사는 사망했다"라는 내레이션이 이어졌는데, 2009년에 밝혀진 바에 따르면 PD수첩 취재팀은 당시 의사가 "앞으로 3개월 더 살 것 같다"라고 말해줬다는 사실을 확인했다는 것이다.

내레이션은 이어서 "확실한 진단을 위해선 뇌부검을 해야 했다. 가족들은 부검에 동의했다. 보건당국은 보도자료를 통해 아레사가 인간광우병인지 여부를 밝히기 위해 조사 중에 있다고 밝혔다"면서 보건당국의 보도자료를 화면에 소개했다. 보도자료의 화면에는 '보건당국보도자료(버지니아보건당국 vCJD사망자조사)' 라고 자막을 넣어 시청자들로 하여금 아레사가 vCJD로 사망한 것으로 인식하게 하였다.

하지만 화면에 인용한 보도자료의 제목은 "Virginia department of health investigates illness of Portsmouth woman(버지니아보건당국 포츠머스 여성 질병에 관한 조사)"으로 되어 있고, 그 내용은 '① 버지니아보건당국이 퇴행성 뇌질환으로 사망한 포츠머스 여성의 질병을 조사 중이다. 이 환자는 퇴행성 뇌질환을 앓았다. MRI가 질병관리센터(CDC)로 보내졌고, 버지니아대학과 국립프리온질병연구센터에서 추가검사를 실시할 예정으로 최종 결과가 나오려면 수 개월이 걸릴 것으로 예상된다. ② 뉴스보도에서 이 여성의 질병이 vCJD일 수 있다고 하지만, 뇌질환은 다양한 원인으로 생길 수 있음을 지적하였다. 한편 vCJD는 광우병에 걸린 쇠고기 섭취와 관련이 있는 매우 드문 신경계 질환이지만 CJD는 쇠고기 섭취와 관련이 없다는 점에서 CJD와 vCJD는 전혀 다른 질환이다' 등으로 되어 있는데, 화면에서는 vCJD에 대한 일반적 사항이라 할 ②에 해당하는 부분을 촬영하고 강조하여 보여준 것이다.

내레이션: 확실한 진단을 위해선 뇌부검을 해야 했다. 가족들은 부검에 동의했다. 보건당국은 보도자료를 통해 아레사가 인간광우병인지 여부를 밝히기 위해 조사 중에 있다고 밝혔다.

관계자, 보건당국: 지금 (인간광우병으로) 결론이 나온 게 아니기 때문에 따로 계획은 없어요. 말씀드릴 게 없네요. 결론이 나와야 계획을 논할 수 있지 않겠어요.

아레사의 사인을 밝히기 위한 부검이 실시될 예정이라는 내레이션에 이어 버지니아 보건당국 관계자의 인터뷰가 이어졌다. 관계자의 인터뷰는 "지금 **(인간광우병으로)** 결론이 나온 게 아니기 때문에 따로 계획은 없어요"라고 자막으로 처리되었다. 당시 김보슬 PD가 만난 버지니아 보건당국의 관계자는 김보슬 PD의 취재요구를 거부하였지만 취재진이 이 과정을 촬영하여 방송에 인용한 것이라고 한다. 관계자는 아레사의 사인과 관련하여 특별하게 언급하지 않았는데, 이미 보도자료를 통하여 당국의 공식입장이 발표된 상황이고 추가로 밝힐 내용이 없다는 의미의 답변이었을 것으로 보이는 인터뷰 내용에 '인간광우병' 가능성을 괄호처리해서 추가한 것은 지나친 친절이라고 할 것이다.

내레이션: 아레사에게 인간광우병 의심 진단을 내렸던 의사를 만나봤다. 그는 조사 중인 사안이라 직접적인 언급은 하지 않겠다고 했다. 우리는 다른 식으로 질문을 던져봤다.

김보슬: MRI 결과를 통해 변종 크로이츠펠트 야콥병(인간광우병)인지 다

른 종류인지 알 수 있나요?

바롯, 고 아레사 주치의: 그렇습니다. 대개 차이를 보입니다. 일반 크로이츠펠트 야콥병(CJD)은 MRI를 찍으면 뇌의 가운데에 있는 시상이 정상적으로 나타납니다. 하지만 vCJD(인간광우병)면 뇌의 양쪽 시상베개(pulvina)가 상처를 입고 변형됩니다. 임상사진을 통해 상태를 정확히 말할 수 있습니다.

김보슬: MRI 결과가 틀릴 수도 있을까요?

바롯, 고 아레사 주치의: 아직까지 그런 적은 없습니다. 그런 경우는 본 적이 없습니다.

그리고 아레사의 주치의라고 하는 바롯의 인터뷰가 이어졌다. 내레이션은 바롯이 아레사에게 인간광우병 의심진단을 내린 의사라고 소개하였다. 하지만 '바롯이 아레사와 관련된 사항은 조사가 진행되고 있기 때문에 직접적인 언급을 할 수 없다고 했음'을 밝히고 있다. 즉 바롯은 인터뷰에서 CJD와 vCJD에 관한 일반적 사항을 설명하였을 것으로 추정되지만, 그 가운데 MRI 검사를 실시해 vCJD의 진단을 확정지을 수 있는지만 인용하였다. MRI 소견으로 vCJD가 확진된다는 인상을 줄 수도 있다.

WAVY TV 앵커가 "만일 아레사가 변종 크로이츠펠트 야콥병이 맞는다면 그 원인은 10년 혹은 그보다 더 오래전에 먹은 음식 때문일 수도 있습니다"라는 가능성을 제기하고, 로빈 빈슨이 "아레사가 어떻게 인간광우병에 걸렸는지 모르겠어요. 아레사는 버지니아에서만 살았고 외국에 나간 적도 없거든요. 심지어 소를 많이 기르는 미국의 중서부지방을 여행한 적도 없어요. 간 적이 없다고요"라고 발언한 내용이 잘 맞아떨어진다는 느낌이 든다.

지금까지 살펴본 것처럼 PD수첩 광우병 편은 로빈 빈슨의 문제제기에 주치의, 보건당국 관계자 그리고 방송자료 등을 통하여 아레사 빈슨이 인간광우병으로 사망한 것으로 몰아갔다고 볼 여지가 크다.

과학적으로 추정해본 아레사 빈슨의 사인

뇌신경계 질환은 조직검사 결과 없이 진단을 확정지을 수 없기 때문에 다양한 가능성을 열어두기 마련이다. 그럼에도 PD수첩 광우병 편에서는 앞서 살펴본 것처럼 고 아레사 빈슨이 인간광우병으로 사망했을 것이라고 했다. 그와 같은 진단을 의심한 구체적인 근거자료도 없었고, 아레사의 경과에 대한 병원 관계자의 구체적인 설명도 없었다. 다만 CJD인지 vCJD인지 헷갈린 로빈 빈슨의 주장을, 그것도 왜곡하여 시청자로 하여금 '아레사가 vCJD로 사망하였나보다'

고 생각할 수 있게 하였다.

중요한 점은 아레사가 vCJD가 아닌 다른 병으로 사망했을 가능성을 추정할 수 있는 발병경위, 치료과정 그리고 사망에 이르게 되는 경과에 대한 구체적 설명을 생략하였다는 것이다. 자료에 따르면 취재진은 로빈 빈슨에게서 아레사 빈슨이 병을 앓기 시작해 죽음에 이르는 과정을 들었다고 한다.

로빈 빈슨의 설명에 따르면 아레사는 최근 입학한 대학원 수업을 준비하고 있었다는데 평소 건강하던 그녀는 비만으로 고민이 있었던 모양이다. 빈슨 가족은 아레사의 사망이 메리뷰병원 의료진의 적절하지 못한 진료 때문이라는 취지의 소송을 제기한 바 있다. 관련 자료에 나온 아레사의 질병 경과를 요약하면 다음과 같다.

2008년 1월 23일 아레사 빈슨은 비만 치료를 받기 위하여 메리뷰병원에서 무어 박사의 집도로 위장절제술(Roux-en Y gastric bypass surgery)을 받았다. 흔히 '베리아트릭 수술'이라고도 하는 이 수술은 위의 일부를 잘라내 크기를 줄여 식사량을 조절하는 것인데, 수술 후 아레사의 체중은 10kg가량 줄었다고 했다.

위장절제술은 위의 크기를 줄여 소장으로 바로 연결하기 때문에 환자는 수술 직후에는 음식물이 위장에 머무는 시간이 짧아지면서 오는 변화에 잘 적응해야 한다. 특히 과식을 하거나 식사를 빨리할 경우, 소금이나 설탕을 많이 섭취할 경우 맥박이 빠르게 뛰거나 어지러움, 식은땀 등의 덤핑증후군 증상이 나타날 수 있기 때문에 고단백, 적절한 지방성분, 저탄수화물의 음식을 소량씩, 천천히, 자주 먹는 습관을 들이는 것이 중요하다. 위장절제술은 수술부작용 외에도 장기적으로는 비타민, 철분, 단백질 결핍 같은 부작용이 나타날 수 있다.

아레사는 수술 3주 후부터 메스꺼움과 구토증세가 시작되었다. 2월 26일에 입원치료를 받았는데 지속되는 구토로 생긴 탈수 증세에 칼륨수치가 낮아지는 등 전해질 이상이 동반되어 수액주사와 전해질 이상을 교정하는 치료를 받고 3월 5일 퇴원하였다. 3월 16일에도 심한 어지러움증과 구토증세로 메리뷰병원 응급실에서 치료를 받고 귀가하였다.

퇴원 후 아레사는 보행장애 증상이 생겨 침대에서 생활하게 되었고 기억력 감퇴가 시작되었다. 3월 31일에는 일어서기와 걷기가 힘들어져 계단을 내려오지 못하고, 기억상실 증세가 심해져 하버뷰병원 응급실을 방문하여 그레그너 박사와 웬젤 박사의 진료를 받았다. 의료진은 수술기록 등을 검토한 뒤 투약 중인 약을 중단하라고 지시했다.

4월 2일 어지러움증과 시야가 흐려지는 증상으로 메리뷰병원 응급실로 옮겨져 입원한 아레사는 CT와 MRI 검사를 받았으며, 4월 3일에는 뇌파검사와 뇌척수액검사를 받았다. MRI 검사 결과 CJD 가능성이 있다는 진단을 받고 치료가 불가능하다는 이유로 4월 4일 퇴원 조처되었으나 4월 5일 호흡곤란이 생겨 다시 메리뷰병원 중환자실에 입원하였고, 4월 9일 사망할 때까지 치료를 받았다.

아레사의 경과를 이해하기 위하여 CJD라는 질병을 살펴보자. CJD는 1920년 독일 의사 한스 게르하르트 크로이츠펠트가 처음 소개하였고, 이어서 1921년 또 다른 독일의사 알폰스 마리아 야콥이 다섯 가지 사례를 추가 발표하여 세상에 알려졌다. 하지만 이 질환의 진단기준이 명확하지 않아 진단에 혼선을 빚었다. 가족성으로 발생하는 CJD가 있다는 사실이 밝혀지고(fCJD), 의료행위와 관련하여 발생하는 CJD(iCJD)가 보고되면서 특별한 원인이 파악되지 않는 CJD를 산발형 CJD(sCJD)라고 부르게 되었다.

sCJD는 전체 CJD 환자의 85%를 차지하는데 주로 55~70세(평균 65세)에 발병한다. 처음에 인지기능장애를 보이는 경우가 가장 많고, 기억력 감퇴, 보행장애, 행동변화 그리고 시각장애 등의 순서로 나타난다. 오랜 잠복기를 지나 증상이 나타나면 환자의 병세가 빠르게 나빠지는데, 평균 경과기간이 8개월 정도다. 조직검사를 제외하고는 CJD임을 입증하는 결정적인 진단검사방법이 없는 것이 가장 큰 걸림돌이다.

다만 뇌파검사에서 서파(slow wave)가 진행되는 가운데 주기적으로 예파(sharp wave)가 나타나는 특징을 보이며, 뇌척수액검사에서 14-3-3단백이 검출되는 경우 sCJD의 가능성이 높다고 할 수 있다. CT와 MRI 같은 영상검사는 주로 다른 뇌질환을 배제하기 위하여 실시하는데 MRI 검사에서 양측 기저핵의 선조체에서 증강된 시그널을 보이는 경우가 많다.

iCJD는 1974년경 각막이식을 받은 여성 환자에게서 처음 확인되었다. 그 후 신경외과 수술을 받은 환자, 사체에서 추출한 성장호르몬을 투여받은 환자, 사체에서 적출한 뇌경막을 이식받은 환자 등에서 발생한 iCJD가 250여 사례 보고되었고, 전체 CJD의 1~2%를 차지한다. 하지만 iCJD 역시 환자가 CJD 환자와 연관이 있는 의료행위를 받았다는 병력만 있을 뿐 확진하는 데 도움이 될 결정적 기준은 없다. 경막이식처럼 뇌가 직접적으로 연관이 있는 iCJD의 경우 잠복기가 12~28개월로 매우 짧고, 치매증상이 먼저 나타나는 경우가 많다. 그렇지 않은 경우는 잠복기가 5~30년이며 운동장애 같은 소뇌증상이 먼저 나타난다.

fCJD는 전체 CJD 환자의 10~15%를 차지하는데 프리온단백질을 결정하는 유전자에 특징적인 돌연변이가 있고, 이 돌연변이가 상염

색체 우성으로 후손에게 전달된다. fCJD환자는 전형적인 sCJD 환자와 흡사한 임상소견을 보인다.

인간광우병이라 부르는 변형 CJD(vCJD)는 광우병에 걸린 소의 특정위험물질을 섭취하여 생기는 병이다. 지금까지 200여 사례가 보고되었는데, 주로 젊은 나이에 증상이 나타나고(18세부터 41세까지, 평균 27.6세) 증상 지속 기간이 sCJD보다 평균적으로 길다. 초기증상이 불안, 침울, 허탈 그리고 진행성 행동변화 같은 정신증상을 주로 보이는 것이 특징이다. 뇌파검사에서는 sCJD의 특징적 뇌파소견을 볼 수 없다.

vCJD에서 특징적 MRI 소견으로 알려져 있는 뒤쪽시상과 시상베개 부위에서 강한 신호는 확진된 vCJD 환자의 78%에서 나타나 진단에 유용하게 적용하고 있다. vCJD는 병리조직검사에서 신경세포가 사라지는 대신 별세포가 많아지며, 뇌조직에 작은 구멍이 생기는 해면양 변화가 생기는 sCJD의 병리소견에 더하여 꽃모양의 플라크를 관찰할 수 있는 것이 결정적 진단기준이 되고 있다.

이상과 같이 요약되는 CJD와 아레사 빈슨의 질병을 어떻게 연결할 수 있는지 살펴보자. 우선 아레사의 나이와 증상이 처음 나타나고서 채 2달이 지나지 않아 사망한 경과를 보면 sCJD의 가능성은 매우 낮다.

그럼에도 환자가 복부수술을 받은 병력을 고려하여 iCJD의 가능성이라도 고려한다면 프리온병의 특징인 잠복기가 문제된다. 복부에서 뇌에까지 변형프리온이 올라가기에 너무 짧은 기간이다. 그리고 병원의 입장을 고려해서라도 병원 측에서는 iCJD의 가능성이 없다고 보았을 것이다. 병세 진행과정으로 보아 vCJD의 가능성은 sCJD보다 더욱 낮다고 하겠다.

메리뷰 의료진이 sCJD 혹은 vCJD의 가능성을 검토한 배경은 어디에 있는가? 조직검사를 실시하지 않고도 CJD의 가능성이 거론된 것은 아마도 MRI 소견 때문이었을 것으로 보인다. 로빈 빈슨은 인터뷰에서 "그는 MRI 결과가 나왔다고 우리에게 말했어요. 우리 딸이 CJD를 앓고 있는 것 같아 보인다고 하더군요"라고 말했다고 한다. 이 부분 역시 매우 조심스럽게 접근할 필요가 있다. 즉 CJD 환자는 MRI 검사에서 기저핵의 선조체 부위에서 증강된 시그널을 보이는 경우가 많지만 이것을 특이적인 소견이라고 하지는 않는다. 그러나 vCJD 환자에서는 MRI 검사에서 시상베개 부위 변화가 특징적이라고 알려져 있다. 앞서 지적한 것처럼 78%의 환자에게서 관찰되는 수준이다.

그럼에도 아레사의 주치의라고 소개된 바롯은 "MRI 결과가 틀린 경우는 본 적이 없다"고 말하였다. 이하에서 바롯의 주장이 틀림없는지 논하기로 한다.

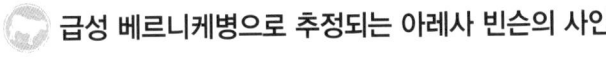

급성 베르니케병으로 추정되는 아레사 빈슨의 사인

지금까지 PD수첩 광우병 편이 고 아레사 빈슨의 사망 사실을 어떻게 시청자들에게 전달했는지와 전달과정에서 지적된 문제점, 그리고 아레사 빈슨의 사인으로 의심되었다는 vCJD를 포함하여 CJD라는 질병에 관한 사항을 요약하였다. 그리고 건강하던 아레사 빈슨이 갑자기 사망하게 된 경과도 정리했다.

사실 아레사 빈슨이 발병하여 사망에 이르는 과정을 살펴보면 사인추정에 중요한 점들이 많다. 하지만 PD수첩 광우병 편은 발병과정은 생략하고 사망사실만 충격적으로 다루었다. 신경계통 질환의 경우 부검을 하지 않고는 진단을 확정하기가 어렵다는 것이 전문가들의 견해이다. 그럼에도 아레사 빈슨의 사인으로 vCJD가 확정된 것처럼 방송하고서, 사인을 확인하기 위하여 부검이 실시되었다는 사실을 전하는 것만으로 방송내용에 대한 사실 확인 의무를 다했다고 할 수는 없을 것이다.

여러 자료를 보면 PD수첩 취재진이 아레사 빈슨에 주목한 것은 2008년 4월 초순경 "미국 밖으로 여행한 적이 없는 젊은 여성이 vCJD 의심진단을 받고 사망했다"라는 미국 언론의 보도가 있었기 때문으로 보인다. 취재진은 방송프로그램 제작을 지원하는 해외조사원에게 아레사 빈슨의 취재에 관한 조사를 의뢰하였다. 아레사 빈슨이 MRI 검사 결과 어떤 진단을 받았는지, 의료진으로부터 위 절제수술의 후유증이나 다른 뇌질환 가능성에 관하여 들은 것이 있는지 등을 아레사의 모친 로빈 빈슨과 접촉하여 확인해줄 것을 요청했다는 것이다.

해외조사원이 로빈 빈슨과 접촉한 것은 장례식 전날이었다. 조사원이 "당신 따님이 광우병에 걸려서 사망했다고 보도되었는데 사실이냐?" 고 물었더니 로빈 빈슨이 "맞다. 그렇게 진단을 받고 사망한 것이 맞다" 고 대답했다고 한다. 그외 다른 의심되는 사항은 없는지도 물었지만 광우병 이외의 의심할 만한 다른 사인은 없다고 했다는 것이다. 건강하던 딸을 갑자기 잃게 된 어머니로서는 하늘이 캄캄할 지경일 터인데 그것도 장례식 전날이라서 경황이 있었을 것 같지는 않다. 그렇다면 위 절제술에 따른 부작용에 대해 설명을 들었는지 확인이 가능했을까?

아레사 빈슨이 사망한 이틀 뒤 한미 쇠고기협상이 시작되었고(4월 11일) 해외조사원에게 취재지원을 요청한 것은 협정 타결이 임박한 4월 15일이었는데, 당일 로빈 빈슨과 연락이 닿았다고 하니 취재가 급박하게 진행되었음을 알 수 있겠다. 그렇다 해도 아레사 빈슨의 사망에 대한 사항들을 관련 분야의 의사들에게 충분히 확인하고 미국으로 떠났어야 하는 것이 취재기자로서 챙겨야 할 기본사항이 아닐까?

위를 절제하는 수술을 받고 퇴원하는 환자에게 담당의사는 당연히 퇴원 후 지켜야 할 사항들을 설명하였을 것이다. 위 절제수술을 받은 환자의 사망률이 0.5~2.0%이며, 수술과 관련된 위험요소, 수술 후 나타날 수 있는 메스꺼움과 구토, 수술부위에서 생기는 문제, 그리고 장기적으로 나타날 수 있는 영양결핍 같은 부작용이 발생할 가능성이 2.1% 정도 되기 때문이다.

또 퇴원 직후에는 덤핑증후군 증상이 나타날 수 있기 때문에 고단백, 적절한 지방성분, 저탄수화물 음식을 소량씩, 천천히, 자주 먹는 습관을 들이는 것이 중요하다. 그리고 장기적으로는 비타민, 철분, 단백질 결핍 같은 부작용이 나타날 수 있다. 하지만 비만인 사람들은 일반적으로 수술을 받은 다음에도 먹는 것에 대한 강박관념에서 자유롭지 않다고 한다.

과연 아레사 빈슨이 주치의의 설명대로 퇴원한 후 지켜야 할 사항들을 제대로 지켰을까? 하버드의과대학의 아툴 가완디 교수는 고도비만으로 위 절제술을 받은 환자가 수술을 받은 다음 변화된 신체에 적응하는 것이 쉬운 일이 아님을 《나는 고백한다, 현대의학을》에서 잘 소개하였다.

아레사는 수술 후 3주일 만에 메스꺼움과 구토가 나타났다. 이런 증세는 탈수와 진해질 장애로 이어져 수액수사 등으로 치료를 받았다. 구토와 관련된 증상은 치료받았는데도 한 달 이상 지속되다가 보행장애와 기억력 감퇴로 발전했고 결국 사망에 이르게 된 것이다. 사망 일주일 전에야 MRI, 뇌파검사와 뇌척수액검사를 실시하였다. 검사 결과 CJD가 의심되었다는 것은 로빈 빈슨의 주장일 뿐, 취재진이 아레사 빈슨의 치료를 담당한 의료진에게서 직접 확인한 것은 아니다.

부검을 통하여 아레사 빈슨의 최종 사인으로 확정된 급성 베르니케뇌병증을 요약하면, 급성으로 발생하는 베르니케병은 눈 근육마비 및 눈 떨림 같은 안구운동이상, 혼돈 그리고 보행실조 세 가지 특징적 임상증상을 보인다. 원인은 비타민 B_1(티아민)이 부족하여 생기는 병이다.

급성 베르니케병은 그렇게 드문 병은 아니다. 알코올의존증에 동반되는 티아민 부족으로 생기는 경우가 흔하다. 티아민 요구량이 급격히 증가하는 경우에 잘 발생하고, 특히 영양결핍에 빠진 알코올의존증 환자에게 포도당을 함유한 수액을 주사하면 갑자기 나타나기도 한다. 이는 포도당을 대사하는 과정에서 보조인자로 티아민을 많이 써야 하기 때문이다.

급성 베르니케병이 주로 만성 알코올의존증에 동반되는 경우가 많다. 그 밖에 임신성 구토, 만성 영양부족, 정맥영양보충을 오랫동안 하는 경우, 악성 종양, 혈액투석 또는 복막투석, 후천성면역결핍증 환자에서도 볼 수 있다. 최근에는 비만수술을 포함하여 위장관을 절제하는 수술을 받은 다음 부작용으로 발생하는 사례가 늘고 있다.[5)]

싱과 쿠마르는 여러 문헌을 찾아 비만수술을 받고 베르니케뇌병증이 생긴 32명의 환자사례를 정리하였다. 대부분 여성(32명 중 27명)이었으며, 수술 후 2주에서 18개월이 지난 뒤 발병하였고, 환자가 구토 증세를 보여 위험인자로 꼽히고 있다.[6)]

급성 베르니케병이 심해지면 의식이 저하되기도 하며, 때로는 생명을 위협할 정도의 혼수상태에 빠질 수 있다. 이 경우 부족한 티아민을 적절하게 공급해도 10~20%는 사망할 수 있고, 치료받지 않는 경우 사망 가능성은 더 높아진다. 급성 베르니케병 환자가 보이는 기억력 장애는 주로 단기기억에 문제가 있는 경향으로, 기억상실이라고 보는 것이 타당하며 치매증상으로 볼 수는 없다.

베르니케뇌병증 환자의 뇌에서 볼 수 있는 두드러진 변화는 뇌척수액이 흘러가는 통로 주변에서 나타난다. 제3 및 제4뇌실과 실비우스(Sylvius) 수도관을 둘러싸는 회백질과 유두체 및 등쪽-안쪽 시상에서 신경세포가 소실되어 있으며, 교세포가 증가되고 미세혈관이 증식되어 있는 변화를 볼 수 있다.

주쿨리 등이 26명의 베르니케뇌병증 환자의 MRI 검사소견을 정리했는데, 환자 85%가 안쪽 시상과 제3뇌실의 주변 부위에서 좌우대칭의 병변을 보였고, 환자 65%에서는 중뇌수도 주변, 58%에서는 유두체, 38%에서는 덮개판 등쪽, 8%에서는 연수에 병변을 보였다.[7]

앞서 설명한 것처럼 sCJD환자의 뇌 MRI 검사 소견이 대뇌 위축, T2강조영상 MRI에서 기저핵과 시상의 고음영 이상소견, 확산강조영상에서는 대뇌피질과 미상핵의 비대칭적인 고음영 소견 등 비특이적인 점과 비교하면 급성 베르니케병 환자의 MRI 소견과 유사점이 없다. 다만 MRI 검사에서 시상베개징후를 나타내는 베르니케병 환자 사례도 있어 vCJD와 감별이 필요했다는 보고가 아주 드물게 있다.[8]

정리를 해보면, 아레사 빈슨은 비만을 치료하기 위하여 위 절제술을 받았고, 수술 후 메스꺼움과 구토가 반복되어 치료를 받았다. 그리고 보행실조와 기억력 장애 등 급성 베르니케병이 가장 먼저 의심되었음에도 CJD가 의심된다고 알려지게 된 이유가 어디에 있을까? 다음에서 살펴본다.

편향적으로 추정된 아레사 빈슨의 사인

비만을 치료하기 위하여 위 절제수술을 받은 아레사 빈슨이 불과 두 달 만에 죽음에 이른 것은 분명 충격적이다. 앞서 살펴본 것처럼 아레사는 위 절제수술을 받은 환자의 부작용인 메스꺼움과 구토가 생기고, 비타민 B_1이 부족해지면서 급성 베르니케뇌증으로 발전하여 사망한 것으로 결론이 났다.

그렇다면 어떻게 해서 아레사가 사망하기 전에 가족이 들었다는 CJD 가능성이 나아가서 vCJD로까지 발전하여 '살고 있는 동네 밖이라고는 구경해보지도 못한 젊은 여성이 인간광우병으로 사망했다'는 뉴스로 우리나라에까지 전해진 것일까?

김보슬 PD가 아레사의 어머니 로빈 빈슨을 만난 것은 한미 쇠고기협상이 타결된 다음 날이었다. 그만큼 취재가 급박하게 진행되었음을 시사하는 한편, 상황을 꼼꼼하게 분석하지 못했을 가능성을 짐작하게 하는 부분이다. 취재진은 아레사의 진단뿐 아니라, 위 절제수술의 후유증이나 다른 뇌질환 가능성에 관하여 의료진으로부터 들은 것이 있는지 가족에게 확인해달라고 요청했다고는 하나 CJD 혹은 vCJD 진단 이외의 다른 사항을 확인하는 노력을 기울인 흔적은 찾아보기 어렵다. 또 취재과정에서 신경과학 분야를 전공한 의사에게서 아레사의 병증에 대해 종합적 판단을 구한 적은 없었던 것으로 보인다.

아레사가 인간광우병으로 사망했을 가능성을 제기한 것은 주로 그 가족이다. 김보슬 PD가 로빈 빈슨을 만나 취재하는 과정에서 딸이 인간광우병 의심진단을 받았다는 이야기를 여러 차례 하였으며, 아레사 사망을 전후하여 미국 언론에서도 아레사가 vCJD에 걸렸을 가능성에 대하여 언급하였다고 주장하였다. 하지만 아레사를 진료한 의료진이 아레사의 병명에 대하여 구체적으로 언급한 자료는 제시하지 않았다. 아예 취재를 못했는지 아니면 취재결과가 프로그램 제작방향과 달랐는지는 알 수 없는 노릇이다.

진료 결과를 두고 의료진과 견해 차이를 보이는 사례에서 책임 소재를 판단하기는 쉽지 않다. 아레사의 가족은 아레사 진료에 참여한 모든 의료인을 대상으로 의료소송을 제기한 바 있다. 의료소송이 진행되는 과정에서 원고 측은 의료진의 과오 가능성을 알리기 위하여 주력하기 마련이다. 반면 의료진은 환자의 질병 경과에 대하여 최대한 말을 아끼려는 경향이 있다. 아레사 빈슨의 사인에 관해 취재하는 과정에서 취재진이 정보를 얻을 수 있는 곳은 빈슨의 가족이 유일하였다고 한다.

취재진은 아레사 빈슨의 진단에 관하여 객관적이고 공신력 있는 기관을 취재하고자 메리뷰병원이나 버지니아 보건당국에 취재를 요청하였으나, 개인 환자의 신상을 알릴 수 없다는 이유로 취재를 거절당했다고 한다. 방송에서 인용된 바롯도 환자의 신상에 관한 정보를 유출할 수 없다는 이유로 아레사 관련 내용은 언급하지 않았고, CJD와 vCJD에 관한 일반적 사항만 확인해준 것인데, 이런 정도라면 우리나라에서도 인터뷰해줄 신경과의사를 충분히 만날 수 있었을 것이다. 바롯 역시 빈슨 가족이 제기한 의료소송의 대상이었기 때문에 아레사 관련 내용을 이야기할 수 없었을 것이다.

언론에서 개인 병력과 관련된 사건을 취재하는 과정에서 통상 환자 가족을 포함해 주변 인물을 1차 취재원으로 하게 된다. 이들은 환자 입장을 중심으로 사건을 정리하기 마련이다. 특히 의료소송과 관련된 사건의 경우, 환자 측이 의료진의 설명을 제대로 이해하지 못한 사항도 있을뿐더러 경우에 따라서 환자 입장에서 불리한 사항은 감출 수도 있다. 따라서 환자의 반대편이라 할 의료진 입장을 듣고 어떤 차이가 있는지 비교해야 한다. 이 과정에서 관련 분야 전문가의 자문을 반드시 들어야 한다. 자문하는 전문가 역시 의료진과 한통속일 거라고 지레짐작할 수도 있겠으나, 여러 전문가의 의견을 모으다 보면 중립적 판단을 얻을 수 있다.

PD수첩 취재진이 의료소송과 관련된 사건을 취재하는 과정에서 지켜야 할 기본 수칙이라고 할 이해당사자의 의견과 삼자의 자문을 들어 객관적으로 판단했다는 증거가 매우 희박한 것으로 보인다. 오로지 아레사 빈슨 유족 측의 발언과 사건 발생에 관하여 확인되지 않은 취재원의 증언을 토대로 구성된 미국 현지 언론보도의 추측성 기사를 전문가의 충분한 검증 없이 방송에 인용한 것으로 보여 방송윤리를 지키지 못한 문제점은 없나 싶다.

방송 전 제작진은 성균관대학교 의과대학 정해관 교수에게 "22세 여성이 위수술이 원인이 되어 3개월 만에 CJD로 죽을 가능성이 있는지" 물었다고 한다. 이때 정해관 교수는 위수술과 관련하여 CJD나 vCJD가 발생했다는 보고는 아직까지 없고, 의료행위와 관련하여 발생하는 의인성 CJD(iCJD)라 해도 잠복기 등을 고려하였을 때 타당성이 없다고 답변했다고 하는데 이를 방송에 반영하지 않았다.

취재진은 공판과정에서 아레사 빈슨의 사인과 관련해 인간광우병 의심 진단 이외의 다른 뇌질환 가능성을 언급하지 않은 것에 대해 PD수첩이 시사프로그램이기 때문에 이 사건 방송 당시까지의 정확한 진단내용만 취재해 보도하면 된다고 주장하였다. 그렇다면 사건 의심 진단 이외에 다른 뇌질환 가능성 역시 방송 당시까지 정확한 진단이라고 보아야 한다는 점에서 충분한 설명이라고 보기 어렵다.

어떻든 아레사 빈슨의 진료과정에 대한 정보가 충분하지 않은 상황이고, 이 사건과 관련하여 유족 측이 제기한 의료소송이 진행되고 있다니 미국 법원에서 최종판단이 내려질 때까지는 사건의 전말이 드러나지 않을 것이다. 하지만 부검에 따른 최종진단과 단편적 실마리를 엮어 사건이 진행된 과정을 다음과 같이 미루어 재구성해본다.

아레사 빈슨은 대학원 진학을 앞두고 평소 고민해오던 비만을 치료하기 위하여 2008년 1월 23일 메리뷰병원에서 위 절제수술을 받았다. 의료진은 퇴원하는 아레사에게 위 절제수술을 받은 환자에게서 나타날 수 있는 부작용과 이를 피하기 위하여 지켜야 할 사항들을 설명해주었다. 설명 가운데 고단백, 적절한 지방성분, 저탄수화물의 음식을 소량씩, 천천히, 자주 먹는 습관을 들이는 것이 중요하다는 사실이 강조되었으며, 비타민과 철분 등을 포함하는 영양제를 별도로 처방하였다.

하지만 아레사는 평소 과식하던 버릇을 버리지 못하고 수술 후 줄어든 위장이 받아들이기에 부담스러운 양의 식사를 하고 토하기도 하였다. 이와 같은 일이 반복되면서 식사한 다음에 메스꺼움과 구토가 일어나는 증세가 생겼다. 구토가 지속되자 2월 26일 메리뷰병원을 찾았고, 탈수와 전해질장애로 진단되어 10일 동안 입원치료를 받았다. 입원기간에 수액을 통하여 영양을 공급받았다. 특히 입원 초기에는 구토가 심해 식사할 수 없었기 때문에 포도당이 든 수액이 처방되었다. 아레사는 항구토제를 처방하여 구토증세가 어느 정도 가라앉고 가벼운 식사가 가능해지면서 퇴원하였다.

퇴원한 뒤에도 구토증세가 있어 가정의학과 의사의 처방을 받아 구토완화제를 복용하였다. 25일경에는 두통이 심해 의사의 처방이 필요 없는 두통약을 구입하여 복용하였지만, 이번에는 어지럼증이 생겼다. 3월 16일에는 어지럼증이 심해서 메리뷰병원 응급실에서 수액과 어지럼증 완화제를 처방받았으나 증상이 호전되지 않고 시력장애가 동반되었다. 3월 23일경부터는 계단을 내려오지 못할 정도로 보행장애가 심했고, 기억력도 감퇴되었다. 결국 3월 31일에는 일어서기, 걷기, 말하기 등이 어려워져 이번에는 하버뷰병원 응급실을 찾았다. 메리뷰병원을 믿지 못해서였을까? 수술기록 등을 검토하고 투약 중인 모든 약을 중단하라는 지시를 받는 등 응급가료를 받고 퇴원하였지만, 결국 4월 2일에는 메리뷰병원 응급실로 이송되어 MRI 등 정밀검사를 받게 되었다.

종합해보면 아레사는 퇴원할 때 지시받은 식이요법을 제대로 지키지 못하여 유발된 구토증세가 전해질장애로 발전하였을 여지가 있고, 구토가 반복되다 보니 필수 비타민도 부족하게 되었을 것이다.

2월 말, 증상이 심해져 입원하게 되었을 때 전해질장애를 교정하고 영양을 공급하기 위한 수액요법에 포도당이 다량 포함되었다면 비타민 B_1(티아민)이 급속도로 감소되어 대뇌의 유두체를 중심으로 하는 시상하부, 시상을 침범하는 급성 베르니케병증이 촉발되었을 것이다. 대뇌에서 일어난 이런 변화는 두통과 시력장애, 어지럼증 악화 및 기억력장애 등의 증상으로 나타났을 것이다.

그럼에도 병원 측에서는 병세의 원인을 찾기 위한 정밀검사를 즉각 시행하지 않은데다가 3월 16일 응급실을 찾았을 때도 수액을 투여하여 사태를 더욱 악화시켰을 가능성이 높다.

결국 아레사의 급성 베르니케병증은 수술 후 식이요법을 제대로 지키지 못한 환자요인과 대사장애를 교정하기 위한 수액요법의 적절성 및 뇌병변의 조기진단이 지연되는 등 의료적 요인이 복합적으로 작용한 결과일 가능성이 있다. 아레사의 유족 측과 의료팀의 입장에 대한 추론은 다음으로 미룬다.

현지 언론에서 아레사 빈슨 사인을 CJD, vCJD로 의심한 이유

지금까지 살펴본 것처럼 아레사 빈슨은 비만을 치료하려고 받은 위 절제수술의 후유증으로 생긴 급성 베르니케병증으로 사망한 것으로 결론이 났다. 그럼에도 아레사가 사망하기 직전 지역방송에서 CJD 혹은 vCJD의 가능성을 언급한 것은 미스터리가 아닐 수 없다.

아레사가 사망하기 이틀 전인 4월 7일 WAVY TV 방송은 위 절제 수술을 받은 '젊은 여성이 건강이 악화되었는데 CJD의 가능성이 있다' 고 전했다. 이어서 vCJD일 가능성도 언급하였다. 앵커와 리포터는 의사들이 '아레사의 증세로 보아 CJD 혹은 vCJD일 가능성이 있다' 고 말했다는 것이다.

하지만 "의사들은 메리뷰병원에 있는 한 여성의 질병에 대해 이 병에 걸릴 확률은 지금까지는 100만분의 1이라고 말했습니다." "의사들은 매년 미국에서 200여 명의 CJD 환자가 있다고 한다. 이는 수술 과정에서 감염되기도 하고, 아주 드물게는 고기 섭취로 걸리는 경우도 있다고 한다" 등 CJD에 대하여 일반적으로 알려진 의학적 사실을 전하였을 뿐, 그들이 아레사를 진료한 의료진인지 분명하지 않을뿐더러 아레사의 경과에 대해서는 전혀 언급하지 않았다.

결국 방송이 전하는 내용은 아레사의 가족이 의료진에게서 들었다는 주장을 토대로 구성되었다고밖에 볼 수 없다. 아레사가 사망한 다음 날인 4월 10일자 WVEC TV 방송은 리포터의 말을 통하여 "그녀의 가족들 말에 따르면 의사들이 MRI를 찍으라고 했고, 그 결과 심각한 뇌손상과 CJD 증상이 관찰되었는데, 이는 100만 명 중 1명에게 발생한다고 한다. 어떤 경우에는 광우병에 감염된 쇠고기를 통해 걸리기도 하지만, 그들은 해외에서 고기를 먹은 사람들이었다. 빈슨은 버지니아를 떠나본 적이 없다"는 식으로 보도했다.

아레사가 심한 운동장애와 어지러움, 시야가 흐릿해지는 등의 증상을 보여 메리뷰병원 응급실에 실려 왔을 때, 의료진은 아레사의 뇌에 변화가 생겼을 가능성을 검토하기 위하여 MRI, 뇌파검사, 뇌척수액검사를 실시하였을 것이다. 하지만 아레사의 최종진단이 급성 베르니케뇌병증이라면, 뇌파검사에서 주기적 예파나 뇌척수액검사에서 14-3-3단백 양성 등 CJD를 의심할 만한 소견이 나왔을 가능성은 매우 낮다. 다만 MRI 검사에서 시상을 중심으로 한 뇌 부위에 변화가 나타났을 가능성은 높다. 이 경우 CJD보다 vCJD의 가능성이 높다고 볼 것이다.

영상의학과에서 작성하는 검사보고서에는 통상 영상검사를 통하여 관찰되는 변화가 나타날 수 있는 모든 질환을 기록하는 경향이 있다. 이런 영상검사보고서를 받은 의료진은 환자의 임상소견 등을 고려하여 가능성이 높은 순서로 의심 병명을 정하게 된다. 영상의학과에서는 MRI에서 시상베개징후가 나오는 급성 베르니케뇌병증, 중추신경계 림프종 및 후맥락막 동맥경색 그리고 변종 CJD 등 가능한 질환[91]을 보고서에 언급하였을 것이고 아레사의 주치의는 검사 결과를 토대로 의심이 가는 병명을 모두 가족에게 설명했을 것이다. vCJD를 진단하는 데 MRI 검사의 한계와 PD수첩 광우병 편에서,

vCJD 진단에서 MRI가 틀릴 수 없다는 바롯의 인터뷰를 다시 생각하게 만드는 대목이기도 하다.

김보슬: MRI 결과를 통해 변종 크로이츠펠트 야콥병(인간광우병)인지 다른 종류인지 알 수 있나요?

바롯, 고 아레사 주치의: 그렇습니다. 대개 차이를 보입니다. 일반 크로이츠펠트 야콥병(CJD)은 MRI를 찍으면 뇌의 가운데에 있는 시상이 정상적으로 나타납니다. 하지만 vCJD(인간광우병)면 뇌의 양쪽 시상베개(pulvinar)가 상처를 입고 변형됩니다. 임상사진을 통해 상태를 정확히 말할 수 있습니다.

김보슬: MRI 결과가 틀릴 수도 있을까요?

바롯, 고 아레사 주치의: 아직까지 그런 적은 없습니다. 그런 경우는 본 적이 없습니다.

앞에서 인용한 WVEC TV 방송에서 리포터가 전하는 "보건당국자는 뇌사진이 CJD처럼 보이지만, 그렇다고 CJD를 의심하는 것은 아니라고 말하면서, 다른 많은 가능성, 이를테면 뇌의 산소결핍, 간기능장애, 신장기능장애 등을 배제할 수 없다"라는 말에 중요한 단서가 숨어 있다. 즉 메리뷰병원 측은 아레사와 관련하여 대외적으로는 언급하지 않겠지만 보건당국의 상황조사를 피할 수 없었을 것이다. 보건당국자의 말처럼 메리뷰병원에서는 아레사의 사인으로 CJD가 아닌 다른 뇌질환 가능성이 높다고 본 것이다. 그러면 아레사의 사인이 가능성이 가장 희박한 CJD가 언급되다가 급기야는 vCJD로까지 발전한 이유는 무엇일까?

흔히 알려진 것처럼 미국은 소송천국이라고 할 만큼 생각지도 못한 상황이 소송으로 발전한다고 한다. 필자가 미국에서 공부하던 시절 구독하던 신문에는 의료소송을 대행해준다는 변호사의 광고가 넘쳐나던 것을 기억한다. 억울한 일을 당한 피해자의 경우 언론에서 다루어 여론의 지지를 끌어내면 유리한 입장에 설 수도 있다. 하지만 언론 입장에서도 독자의 관심을 끌 만한 색다른 점이 없으면 다룰 이유가 없다. 〈도가니〉와 〈부러진 화살〉 등 언론에서 제대로 다루지 않아 묻혔던 사건들이 영화를 통하여 뒤늦게 세상의 주목을 받기도 했지만, 사건과 관련된 사람은 오랫동안 고통을 받기 마련이다.

아레사의 죽음이 의료진의 적절하지 못한 진료 때문이라는 생각을 하게 된 가족은 알려진 것처럼 아레사의 진료에 참여한 모든 의료진을 대상으로 소송을 제기했다. 가족은 소송에 대비하여 언론의 주목이 필요하였을 것이나 비만수술의 후유증으로 사망한 내용으로는 언론의 주목을 받을 수 없었을 것이다. 이런 점에 착안하여

CJD 가능성을 내세웠을 수도 있다. 당연히 산발형 CJD로는 주목받을 수 없기에 수술과 관련된 의인성 CJD, 나아가 vCJD의 가능성을 제기한 것은 아닐까?

WAVY TV가 4월 8일자 방송에서 "의사들은 미국에서 매년 200개 정도의 사례만 발생된다고 말한다. 또 외과수술을 통하여 감염되기도 하고, 아주 드문 경우 고기를 섭취하면서 감염된다고 한다"라고 보도한 것처럼 말이다. 하지만 의인성 CJD의 경우 수술을 받은 날부터 증상이 발생하기까지 잠복기가 길기 때문에 아레사에게 적용하기에는 무리가 있다고 보았을 것이다.

메리뷰병원으로서도 비만을 치료하기 위하여 위장 절제수술을 받은 아레사가 그 후유증으로 생긴 구토증세가 대사장애로 발전하자 이를 교정하기 위한 치료과정에 문제는 없었는지 조사했을 것이다. 당연히 아레사의 죽음이 CJD와 관련되었다면 병원이 책임질 부분이 크게 줄어들 것으로 보았을 것이다. 그리고 아레사의 죽음과 관련한 진료과정을 공개해서 도움이 될 일은 없다고 판단하였을 것이므로 CJD 혹은 vCJD의 가능성을 언급하는 언론보도에 적극 해명하지 않았을 수 있다.

아레사 주치의에게서 "MRI 검사 결과 CJD가 의심되며, 뇌척수액 검사 결과가 나오지 않아 vCJD의 가능성을 배제할 수 없다"라고 들었다는 로빈 빈슨의 주장은 신뢰할 수 없다. 뇌척수액검사 결과가 vCJD를 CJD와 구분하는 결정적 요인이 아니기 때문이다. 가족은 의료진으로부터 다른 뇌질환과 함께 CJD 가능성이 있다는 말을 듣고서, 이 생소한 질환에 대하여 알려고 노력했을 것이다. 온 가족이 매달려 정보를 찾다보니 vCJD라는 질병이 따라 나왔고, 아레사가 vCJD 가능성이 있는지 알아내려고 하였을 것이다. 따라서 아레사가 사망하기 이전부터 CJD와 vCJD에 대하여 적지 않은 정보를 파악하고 있었다고 볼 수 있다.

로빈 빈슨은 PD수첩 광우병 편에서 vCJD와 CJD를 섞어서 사용하

자료 5

였지만 방송에 등장하는 모금 포스터를 보면, 산발성 CJD(sCJD), 의인성 CJD(iCJD), 변종 CJD(vCJD)를 정확하게 구분하여 정리하고 있어, vCJD와 관련된 발언은 계산된 면이 있다고 보인다.(자료 5) PD수첩 제작진이 로빈 빈슨의 인터뷰를 편집하는 과정에서 확대 해석하여 오역소동에 휘말린 사연은 다음에 논의한다.

전문가의 판단을 무시한 'PD수첩'

아레사의 주치의가 CJD 가능성을 언급하자 가족은 생소한 질병에 대한 자료를 광범위하게 찾아 공부하여 CJD라는 범주의 질환에 대해 상당한 지식을 쌓게 된 것이다. PD수첩 광우병 편에서 소개한 아레사 관련 모금 포스터에서 확인할 수 있는 것처럼 가족들은 산발형 CJD(sCJD), 의인성 CJD(iCJD), 가족성 CJD(fCJD) 그리고 변종 CJD(vCJD) 등을 구분하여 각각의 원인과 증상을 자세하게 정리하고 있었다. 그리고 로빈 빈슨은 PD수첩 취재진과의 인터뷰 과정에서 'CJD, variant CJD, a variant of CJD' 등 다양한 표현을 적절하게 구사할 수 있게 되었다.

"MRI 검사 결과 아레사가 **CJD**일 가능성이 있다고 하더군요" 라고 말한 로빈 빈슨의 인터뷰에서 'CJD' 를 **'vCJD(인간광우병)'**로 자막 처리하는 등 의도적으로 오역한 것 아니냐는 의혹이 제기되면서 PD수첩 제작진은 오역소동에 휘말리게 되었다.[10)]

오역소동이 일어나자 광우병대책회의는 CJD와 vCJD가 다른 병이라는 검찰의 주장이 CJD가 vCJD의 상위개념이라는 것을 이해하지 못한 것이라고 해명하는 등 PD수첩 지원에 나섰다. 우석균 보건의료단체연합 정책실장은 "CJD를 왜 vCJD라고 했느냐는 검찰의 주장은 '왜 의사들이 아레사 빈슨을 사람이라는데 PD수첩은 흑인이라고 하느냐' 는 주장과 같다" 라고 꼬집었다.[11)]

양에서 발생하는 스크래피, 소에 생기는 광우병, 사람에서의 CJD, 쿠루(kuru) 등의 질환은 프루시너가 제안한 프리온학설에 따라서 프리온병으로 분류하고 있다. 교과서를 보면 CJD라는 진단명 아래 sCJD, fCJD, iCJD, vCJD를 넣고 있다. 그러나 CJD 환자의 80%가 sCJD 임을 고려한다면 통상 지칭하는 CJD는 sCJD를 가리키는 것으로 이해하는 것이 옳다.

경막이식 등 CJD 환자와 관련된 시술을 통하여 CJD가 발생한 경우를 의인성 CJD(iCJD)라고 하는 것과 달리 vCJD는 소해면양뇌증(Bovine Spongiform Encephalopathy, BSE, 광우병)에 걸린 소의 특정위험물질(SRM)을 섭취하여 생기는 것이고, 그 증상과 검사소견도 CJD와 차이가 있다. 따라서 질병을 분류하는 시각에서 본다면 CJD

가 vCJD의 상위개념이라는 주장은 적절하지 않다. 사람의 뇌를 먹어서 생긴 쿠루(kuru)가 오히려 CJD 환자와 직접 연관이 있을 가능성[12]을 고려한다면 CJD 아래 넣을 수도 있다. 한편 vCJD는 광우병과의 관계를 고려하여, 예를 들면 '광우병과 관련된 프리온병' 같은 별도 진단명으로 분류하는 것이 더 적절하다.

인간광우병이 확인된 초기에는 신변종 CJD(new variant CJD), variant CJD 등의 용어가 혼란스럽게 사용되었다. 'CJD가 vCJD의 상위개념' 이라는 주장은 PD수첩 광우병 편과 관련된 명예훼손 사건 공판과정에서도 중요하게 다루어졌다. PD수첩 측에서는 vCJD라는 진단명과 관련된 증거물을 다양하게 제시하였는데, 심지어 vCJD에 '광우병(mad cow disease)' 이라는 설명을 붙여 넣은 문서도 있었다.

필자는 참고인으로 출석한 법정에서 PD수첩 측이 제시한 증거물을 보고 깜짝 놀라기도 했다. 필자가 2003년 도쿄에서 열린 전달성해면양뇌증 심포지엄에서 발표한 "한국에서의 광우병 관리상황" 이라는 제목의 발표 자료였기 때문이다. 공판 전에 모대학원의 석사과정 학생이 해당 자료를 보내줄 수 있느냐고 이메일을 보냈기에 제공한 적이 있는데, 그 자료가 법정에 증거물로 제출된 것으로 짐작된다. 까맣게 잊고 있던 자료인지라 자료를 만들 당시 상황이 기억나지 않아 제대로 해명하지 못한 점이 안타깝다. CJD라는 진단명 아래 변종 CJD와 신변종 CJD를 포함시킬 정도로 용어사용에 혼란이 있었으며, CJD를 변종 CJD의 상위개념으로 정리했던 것은 아니었다는 점을 확실하게 해둔다.

당시 PD수첩 측은 미국 농무부의 2004년 연방관보와 질병통제본부(CDC)가 인터넷에 게재한 자료를 제시하였다. 농무부 자료에는 "In 1996, a variant of CJD(vCJD) was first described"라고 되어 있었다. "1996년에 CJD의 한 형태로 vCJD가 기술되었다"고 번역할 수 있다. 즉 PD수첩 측이 주장하는 a variant of CJD(CJD의 한 유형)를 the variant CJD(변종 CJD)라고 보기 힘들다고 해석할 수 있다.

CDC의 자료에는 "A variant of CJD, caused by a prion with an altered protein configuration, is bovine spongiform enceaphalopathy (BSE or mad cow disease)"라고 적혀 있다. "소 해면상뇌증(광우병)은 단백질 구조가 변형된 프리온에 의한 CJD의 한 유형이다"라고 번역되는데 PD수첩 측 주장대로 a variant of CJD를 변종 CJD라고 해석한다면 **'광우병은 변종 CJD, 즉 인간광우병'**이 된다. 같은 자료에는 "The most recently identified prion illness is a new variant of CJD reported in England, … The illness is thought to be linked to BSE"라는 구절도 나온다. "가장 최근에 확인된 프리온질환은 영국에서 보고된 신변종 CJD이다. … 이 질환은 광우병과 연관이 있는 것으로

생각된다" 로 번역되는데, 'a variant of CJD' 는 자체로 변종 CJD를 의미한다기보다는 CJD의 한 유형 정도로 해석하는 것이 옳겠다.

다시 로빈 빈슨의 인터뷰로 돌아가서, 그녀는 인터뷰 과정에서 CJD, the variant CJD(변종 CJD), CJD the variant(변종 CJD), a variant form of CJD(CJD의 변형된 형태), human form of mad cow disease(광우병의 인간형) 등 다양한 표현을 사용하였다. 이와 같은 용어사용 행태는 오히려 그녀가 CJD와 vCJD 개념을 헷갈리지 않았음을 반증하는 것이라 하겠다.(자료 6, 자료 7)

특히 PD수첩 제작진이 처음 인터뷰할 당시에는 아레사를 진료했던 의사에게서 CJD 가능성을 들었다는 이야기와 다른 병일 가능성도 있어 부검 결과가 나오기 전에는 알 수 없다는 등의 이야기를 했던 로빈 빈슨이 PD수첩 후속 인터뷰에서는 첫 번째 인터뷰와 사뭇 다른 주장을 하였다. PD수첩 광우병 편 번역작업에 참여했던 정지민 씨로부터 방송과정에서 의도적인 오역이 있는 것 같다는 문제제기[13]가 있자, 제작진이 서둘러 후속 인터뷰를 진행한 것으로 보인다. PD수첩 제작진은 오역소동이 확대되자 "인터뷰 과정에서 고인의 어머니가 '광우병(mad cow disease)' 이라는 말을 썼고, 전문의학 지식이 부족한 어머니가 의학용어인 vCJD와 CJD를 혼동한 것으로 판단해 vCJD로 처리했다" 라고 해명했다.[14]

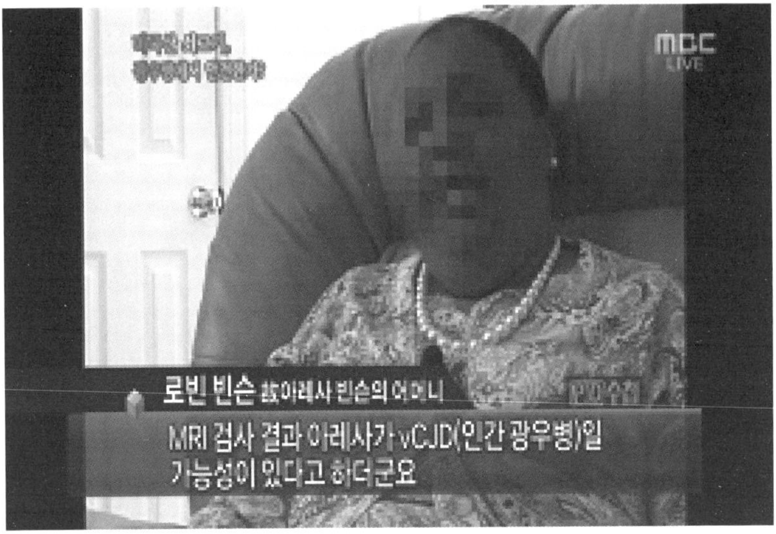
MBC
LIVE
로빈 빈슨 故아레사 빈슨의 어머니
PD수첩
MRI 검사 결과 아레사가 vCJD(인간 광우병)일
가능성이 있다고 하더군요

자료 6

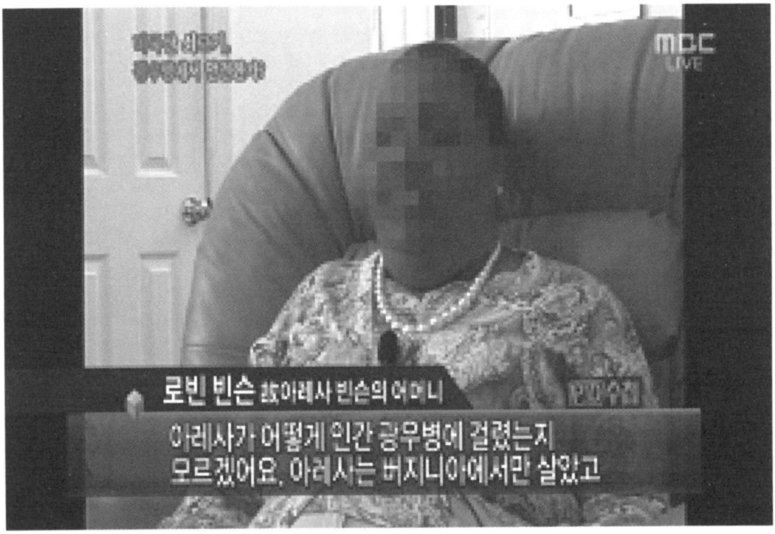
MBC
LIVE
로빈 빈슨 故아레사 빈슨의 어머니
PD수첩
아레사가 어떻게 인간 광우병에 걸렸는지
모르겠어요. 아레사는 버지니아에서만 살았고

자료 7

로빈 빈슨은 앞선 인터뷰에서 가끔 '변종(variant)'이라는 단어를 빠뜨렸다는 이야기를 듣고 "아레사의 사인이 변종 CJD로 의심되었다는 뜻 아니면 MRI 결과에서 변종 CJD를 의심했다는 뜻이었을 것이다. 당신도 알다시피 그것은 CJD 범주 아래에 놓이는 것이다"라고 답변했다고 하는데, 자신이 지칭한 CJD는 대부분 변종 CJD를 의미한다고 설명했다는 것이다. 앞서 설명한 상위개념과 관련해 무언가 석연치 않은 느낌이 들지 않는가?

앞에서도 간략하게 소개하였지만, PD수첩 측은 개인병력과 관련한 취재에서는 가족이 중요한 1차 취재원이 된다고 하였다. 가장 정확하고 신뢰할 만한 정보를 전해줄 취재 대상은 의사와 보건당국으로부터 진단 결과를 직접 전해 들었을 로빈 빈슨이라는 것이다. 하지만 의료기관과 의료과오 여부를 놓고 다툼이 있는 가족이 전하는 정보가 중립적이고 신뢰할 수 있다고 보는가?

취재진은 취재과정에서 얻는 환자 관련 정보를 가급적이면 실시간으로 분석해 문제점을 제대로 찾아들어 갔어야 한다. 미국 현지에서 관련 분야 전문가의 자문을 얻기 어려웠다면 귀국 후에라도 제대로 자문을 구했어야 한다.

PD수첩 제작진이 취재과정에서 국민건강을 위한 수의사연대의 박상표 국장(수의학전공)에게 아레사가 발병 전 받은 위수술과의 관계를 묻자 “인간광우병일 가능성이 80%가 넘는다고 추정하고 있다”라고 했다는 것이다. 반면 PD수첩 광우병 편 방영 당일 성균관의대 정해관 교수는 PD수첩 제작진과의 전화통화에서 아레사의 사인으로 sCJD, iCJD 그리고 vCJD의 가능성이 희박하다고 자문했음에도 반영되지 않았다고 했다. 인간의 질병에 대한 자문을 구하는데 의사의 판단은 버리고 수의사의 견해를 취하는 것이 PD수첩의 프로그램 제작 원칙인지 궁금하다.

1심재판부와 2심재판부의 판단 차이

PD수첩 광우병 편에서 다룬 고 아레사 빈슨 관련 보도 부분의 이슈는 두 가지다. 첫 번째는 아레사가 사망하기 전에 오로지 vCJD만 의심되었느냐, 아니면 다른 뇌질환이 의심되는 가운데 vCJD의 가능성도 같이 검토되었느냐는 것이다. 두 번째는 PD수첩 광우병 편은 부검을 통하여 진단이 확진되지 않은 상태에서 아레사가 vCJD로 사망한 것을 기정사실로 하는 인상을 시청자에게 주었느냐는 것이다.

첫 번째 이슈와 관련하여 우리는 아레사가 비만을 치료하기 위하여 위장 절제수술을 받았고, 그 후유증으로 구토증세가 나타났지만, 가족이 적극적으로 치료에 나서지 않았다는 사실을 시청자에게 알리지 않았다는 점을 지적하였다. 아무리 유족 측이 사인으로 vCJD 가능성을 주장했다 하더라도 다른 뇌질환 가능성을 검토했어야 한다. 특히 아레사가 받은 위장 절제수술의 후유증으로 급성 베르니케뇌병증이 생길 수 있다는 점을 고려했어야 하는데도 전문가의 자문을 제대로 받은 것 같지 않다.

취재자료를 방송에 사용하는 과정에서 임의로 번역하여 자막 처리한 점도 주목해야 한다. 예를 들면, 로빈 빈슨의 인터뷰에서 "우리 딸이 **걸렸을지도 모르는**(… my daughter could possibly have …)"을 "우리 딸이 **걸렸던**"으로 자막 처리한 부분, "**만약 아레사가 걸렸다면** 어떻게 인간광우병에 걸렸는지 모르겠어요(If she contracted it, how did she?)"를 "아레사가 어떻게 인간광우병에 **걸렸는지** 모르겠어요"라고 자막 처리하였다. 또 버지니아 보건당국 보도자료의 제목 "버지니아 보건당국 **포츠머스 여성 질병 조사**(Virginia Department of Health investigates illness of Portsmouth woman)"를 "보건당국 보도자료 **'vCJD 사망자 조사'**"로 자막 처리하였고, 미국 WAVY TV 방송 내용 중 "의사들은 아레사가 vCJD라는 변종 크로이츠펠트 야콥병에 **걸렸는지 의심합니다**(Doctors suspect Aretha has variant Creutzfeldt-Jakob disease, or vCJD)"를 "의사들에 따르면 아레사가 vCJD라는 변종 크로이츠펠트 야콥병에 **걸렸다고 합니다**"라고 자막 처리하였다. 이는 제작진이 미국인의 인간광우병 발병 가능성을 미국 소의 광우병 위험을 경고하기 위한 메시지로 연결하려는 의도를 담은 것으로 해석할 수 있다.

1심재판부는 이 부분에 대하여 "아레사 빈슨 관련 보도내용 전부를 주의를 기울이고 시청하는 시청자에게 주는 전체적 인상을 고려해보면, 이 부분 아레사 빈슨 관련 보도내용의 의미는 '아레사 빈슨이 MRI 검사 결과 인간광우병 의심진단을 받고 사망하였고 현재 보건당국에서 부검을 통해 정확한 사인을 조사하고 있다'는 것으로 볼 것이다"라고 판단하였다.

또한 "아레사 빈슨이 인간광우병(vCJD)에 걸려 사망하였거나 사망하기 전 오로지 인간광우병 의심진단만 받았기 때문에 인간광우병에 걸려 사망하였을 가능성이 매우 크다"라고 보도한 것은 허위라는 기소내용에 대하여 "아레사 빈슨이 MRI 결과 인간광우병(vCJD) 의심진단을 받고 사망하였고, 이 사건 방송 당시까지는 그에 대한 사인이 밝혀져 있지 않으므로, 이 사건 방송 이후에 실제 사인이 급성 베르니케뇌병변으로 밝혀졌다고 하여, 이 부분 보도내용을 허위라고 볼 수 없다"라고 판단하였다.

PD수첩 광우병 편이 아레사의 발병과정과 유족 측이 vCJD를 의심한다고 들었다는 점만 주장하거나 아레사가 수술받은 사실과 퇴원

후 행적 등은 언급하지 않았고, 아레사를 진료한 의료진 의견은 청취하지 못하였을 뿐 아니라 아레사의 경과에 대한 의료전문가의 자문을 받지 않는 등 방송제작의 기본원칙을 지키지 못한 점 등이 재판부 판단에 종합적으로 반영되지 못한 것으로 보인다.

또한 아레사 빈슨의 사인과 관련된 번역 자막의 왜곡 여부를 판단하면서도 자막 처리된 번역이 원문의 의미를 정확하게 옮긴 것이 아니라는 점은 인정하였다. 하지만 인터뷰 원본이 번역되는 과정에서 프리랜서 번역가들의 초벌번역본을 토대로 편집구성안, 1차 자막의뢰서(감수 전), 2차 자막의뢰서(감수 후), 방송 자막에 이르기까지 파일 자료를 토대로 해당 번역의 흐름을 살펴보았을 때, 제작진이 영어감수 후 편집과정에서 번역을 변경하거나 수정한 흔적을 찾아볼 수 없다고 하였다.

또한 자신의 번역이 왜곡되어 수정되었다는 정지민 씨 주장은 자신이 경험하지 않은 것을 직접 경험한 것처럼 주장하거나, 검찰 조사 당시 했던 진술을 납득할 만한 이유 없이 이 법정에 이르러 번복하고 있는 점 등을 비추어 그대로 믿을 수 없다고 하였다. 인터뷰 내용을 임의로 번역하여 전한 메시지가 시청자의 판단을 오도하였을 가능성에 대하여 별도로 판단하지 않았다.

종합해보면, 아레사의 사인을 결정하는 데 매우 중요한 요소인 발병 전 비만수술을 받았다는 사실을 밝히지 않은 점, 유족 측 주장을 검증할 전문가 자문을 아레사 진료와 직접 연관이 많지 않은 바롯의 vCJD에 대한 원론적 설명만으로 대체한 점, 결정적으로 vCJD 의심 진단을 마치 vCJD로 확진된 듯한 자막 구성과 진행발언으로 아레사 빈슨이 인간광우병으로 사망하였다는 인상이 시청자에게 강하게 남도록 한 점에 대한 판단을 피한 것으로 보인다.

항소심 재판부는 PD수첩 광우병 편의 보도흐름을 검토한 뒤 아레사 빈슨이 MRI 검사 결과 인간광우병 의심진단을 받았다는 로빈 빈슨의 인터뷰 내용과 인간광우병에 관한 MRI 검사 결과가 틀린 경우를 본 적이 없다는 의사 바롯의 인터뷰 내용을 연결하였고(실제로 의사 바롯은 인간광우병 등에 대한 일반적 대답을 하였을 뿐 아레사 빈슨 이야기는 일체 하지 않았다), 번역 자막 중 아레사 빈슨이 인간광우병에 걸렸다고 단정하는 듯한 잘못된 표현을 하였다고 지적하였다.

그리고 다우너 소 관련 보도내용과 아레사 빈슨이 인간광우병 의심진단을 받고 사망했다는 내용의 연결 등을 종합해보면, 시청자에게 주는 전체적 인상에 따른 이 부분의 보도내용은 '아레사 빈슨이라는 미국 여성이 인간광우병으로 사망한 것이 의심의 여지가 없이 거의 확실하다' 라는 점을 인정하였다. 즉, PD수첩 광우병 편의 시청자들이 '아레사 빈슨이 MRI 검사 결과 인간광우병 의심진단을 받고 사망하였고 현재 보건당국에서 부검을 실시해 정확한 사인을 조사하고 있다'는 것으로 이해하였을 것이라는 1심재판부 판단과는 상당한 차이를 보였다.

또한 항소심 재판부는 로빈 빈슨의 인터뷰 내용이나 현지 언론의 보도내용 등을 종합해볼 때 아레사 빈슨이 MRI 검사 결과 인간광우병 의심진단을 받고 사망한 상태였다는 점은 인정하였다. 하지만 이 사건 방송 당시 아레사 빈슨의 사인이 아직 확실히 밝혀지지 않았고 부검을 통해서만 이를 확실히 밝힐 수 있다는 점을 지적하고, 로빈 빈슨 역시 아레사 빈슨이 사망 전 인간광우병 의심진단을 받았다고 말했을 뿐, 인간광우병으로 사망하였다고 단정적으로 말한 바 없다는 점을 분명히 하였다.

그리고 미국질병관리센터(CDC)가 이 사건 방송 후인 2008년 6월 12일 미국 프리온질병병리학감시센터(NPDPSC)가 부검을 통해 아레사 빈슨의 사인이 인간광우병이 아닌 것으로 결론 내렸다고 최종 발표를 하였고, 아레사 빈슨의 사인은 비타민 B_1 결핍에 따른 급성 베르니케뇌병증으로 밝혀졌다는 사실 등을 토대로 하여 **PD수첩 광우병 편의 아레사 빈슨 관련 보도내용은 허위**라고 판단하였다.

이 건의 상고심을 심리한 대법원 2부 판결문을 다시 인용하면, "원심 판결이 공소사실에 적시되어 있는 진행자의 발언, 인터뷰 번역내용 등에 대하여 객관적 사실과 다른 사실이 있는지를 확인하여 그 결과를 판결이유에 설시하였을 뿐만 아니라, 그러한 세부적 방송 내용이 포함된 전체 방송보도 내용의 허위 여부를 판단하고 있으므로, 원심판결에는 … 판결에 영향을 미친 위법이 없다"라고 판단하여 PD수첩 광우병 편 아레사 빈슨의 사인과 관련된 보도내용이 허위라는 점을 최종 확인한 셈이다.

정리를 해보면, PD수첩 광우병 편에 대한 법원 심리는 정정보도 신청 건과 명예훼손 건에서 다루어졌는데, 아레사 빈슨의 사인과 관련한 심리에서 정정보도 신청 건은 1심과 항소심에서는 각각 허위로 판단하였으며 후속보도를 통하여 이를 바로잡았다고 인정한 바 있다. 한편 명예훼손 건의 1심에서는 허위가 아니라 판단하였으나, 항소심에서는 이를 허위로 바로잡은 것이며, 두 건을 병합하여 심리한 대법원에서는 각각 상고를 기각함으로써 항소심 판결대로 확정한 것이다.

PD수첩 광우병 편의 첫 번째 이슈였던 '주저앉는 소는 광우병 소'에 관한 내용을 정리한 다음, 법원 판단을 비교 검토하고 판결에 대한 각계 반응을 정리한 바 있다. 아레사 빈슨의 사인에 관한 사항에서는 의료계에서 별도 의견을 냈고 이에 대한 반론이 있는 등 뒷이야기가 있어 다음에서 소개한다.

우희종 교수의 대한의사협회 비난은?

PD수첩 명예훼손 사건에 대한 1심 판결이 내려진 뒤, 대한의사협회는 보도자료를 통하여 쟁점이 되었던 ① 다우너 소 관련 보도부분, ② 아레사 빈슨 관련 보도부분, ③ MM형 유전자 관련 보도부분, ④ SRM 관련 보도부분, ⑤ 협상단의 실태파악 관련 보도부분 가운데, 아레사 빈슨 관련 보도부분과 MM형 유전자 관련 보도부분에 대한 재판부 견해가 의료계 판단과 현저한 차이가 있다고 밝혔다.

특히 PD수첩이 아레사 빈슨의 치료경과는 생략한 채 '인간광우병(vCJD)에 걸려 사망하였다'는 내용으로 방송하여 오역과 사실관계를 왜곡한 문제를 지적하였다. 아레사 빈슨의 의료진이 아레사의 증상을 일으킬 수 있는 다양한 원인을 검토하였을 것임에도 유족은 가장 가능성이 희박한 CJD 혹은 vCJD 가능성만 주장하였다는 것이다.

대한의사협회는 1심재판부가 이해당사자인 유족 측 입장을 일방적으로 인용한 PD수첩의 보도행태에 문제가 없었다고 판단한 점을 우려하였다. 의료진과 환자 측이 견해를 달리하는 사건을 취재하는 경우, 양측 주장을 균형 있게 보도하는 것이 언론의 공정성을 담보한다는 측면에서 중요하다는 것이다. 이런 소송에서는 의학적 타당성 여부가 중요하므로 우선적으로 검토해야 할 것이라고 강조하고,

재판부의 요청이 있으면 관련 분야 전문가를 위촉하여 성실하게 자문할 것을 약속하였다.[15]

대한의사협회의 성명서에 대하여 언론은 대체로 대한의사협회의 우려를 중립적으로 전달하였다. "PD수첩 판사, 醫協의 판결 비판에 답해보라"는 제목의 사설에서 "엄격한 의학적 판단이 필요한 사건을 해당 전문가 단체의 의견 조회도 없이 일부 전문가 증언만 편파적으로 인용해 판결한 문 판사의 잘못이 크다"라고 보도한 동아일보가 의사협회 주장에 적극 공감하는 정도였다.[16] 항소심 재판부는 대한의사협회의 이러한 입장 표명을 받아들여 심리에 필요한 사항에 대한 전문가 의견을 요청하였고, 대한의사협회는 관련 분야 전문가의 의견을 받아 재판부에 제출하였다.

반면 그동안 PD수첩의 입장을 적극적으로 지지해온 일부 언론은 대한의사협회를 비난하고 나섰다. 경향신문은 "의협, 회원 의견수렴 없이 'PD수첩 판결 수긍 못해'"라는 제목의 기사에서 미국산 쇠고기 수입협상 당시 논란의 핵심이었던 '다우너 소'와 'SRM(광우병특정위험물질)' 부분에 대한 해석을 빼놓았다고 지적했는데, 의협 입장에서는 해당 사안이 의학적 판단범위를 넘어선 것으로 보았던 것으로 적절하였다고 본다. 또한 "과학적 사실도 틀리는 주장이 전체 의사의 뜻을 대변하는 것처럼 나갔다. 10만 의사의 권위를 땅에 떨어뜨리는 성명"이라는 우석균 보건의료단체연합 정책실장의 주장을 인용하였는데,[17] 대한의사협회는 의학과 관련된 사안에 관련 학회 등 전문가들의 충분한 검토를 거쳐 입장을 정하는 것이다. 따라서 전체 회원의 의견을 수렴하는 절차를 밟아야 할 필요는 없다고 할 것이다.

프레시안 뉴스는 "대한의사협회의 헛발질 … 덩달아 놀아난 조·중·동"이라는 제목의 기사에서 "사실관계도 파악하지 못한 비과학적인 선동"이라는 보건의료단체연합의 주장을 인용하였다.[18] 기사는 보건의료단체연합의 주장을 인용하여 "(PD수첩은) 담당의사와 인터뷰를 진행하여 유족 입장만 일방적으로 대변한 것이 아니었다"라고 하였는데, 앞서 지적한 것처럼 바룻이 아레사의 진료에 얼마나 개입하였는지 분명치 않아 환자의 치료과정을 전담하는 주치의라고 할 수 있을지 의문이다.

대한의사협회 관계자는 "당시 (아레사 빈슨의) 의사는 의료윤리상 환자의 의료 관련 정보를 공개할 수 없었다. 만약 이 시점에서 의사가 빈슨의 사인을 주장했다면, 이는 전 세계 의사들이 지켜야 할 환자 비밀 엄수 의무를 위배하는 행위였다. 대한의사협회 집행부가 미국의 의사들이 환자의 비밀을 지켜야 하는 기본적인 의료윤리를 어기는 데 동조했어야 한다는 말이냐"고 반문했다. 하지만 인간광우병은 중요한 국가관리 전염병이므로, 관련 정보를 국민에게 제대로 전달하는 것이 옳다고 보아야 할 것이다.

특히 유족 측에서 먼저 의혹을 제기하는 상황에서 진위 여부를 논하는 것이 환자의 비밀 엄수 의무를 위반하는 일이 되는지 의료윤리를 전공하는 학자들 견해를 들어보아야 하겠지만, 국민감정을 놓고 생각해본다면 국민의 알권리가 우선한다고 주장하는 것이 시민운동가의 입장이라 할 것이다.

PD수첩 광우병 편 방송과 관련하여 언론 등 우리 사회의 전반에 걸쳐, 심지어는 전문가 집단까지도 의견이 대립되는 양상을 보였다. 이런 대립이 대체로 분야별로 이루어지는 경향을 보인 것은 그나마 전문가 영역을 넘어서지 않으려는 조심스러움 때문이었을 것으로 생각한다. 그럼에도 대한의사협회에 대한 서울대학교 수의과대학 우희종 교수의 날선 비난은 이해하기 어렵다. 대한의사협회의 성명서가 보도된 직후 우희종 교수는 자신의 블로그에 '유치한 의사협회 성명서'라는 제목의 글을 올려 비난하고 나섰다.

골자는 ① 유치원 수준의 성명서가 의협 이름으로 발표된 경위를 알아보니 국내 대표적 언론사 사장의 요청에 따른 것이었고, ② 유족 측의 일방적 주장을 인용한 PD수첩의 보도행태를 지적한 데 대하여, 아직까지 미국 당국의 공식적인 확진이 발표되지 않았음에도 급성 베르니케병으로 최종 확진되었다고 주장할 수 있느냐는 것이며, ③ 프리온단백 유전자 코돈 129 MM동형접합의 빈도와 관련하여 우리나라 사람들이 광우병에 특히 위험하다는 내용에 관한 것이다. 이 사안에 대한 구체적 논의는 다음으로 미룬다.

대한의사협회의 조사에 따르면 언론사주의 성명서 요청이 아니라 우희종 교수가 지적한 언론사로부터 '과학적 사실에 기반한 견해를 이야기해줄 전문가를 추천해달라'는 내용이었던 것으로 밝혀졌다. 또한 아레사 사인은 1심재판이 시작되기 전에 이미 미국 보건당국에서 확정 발표한 바 있으며, 의협은 의료행위와 관련해 유족과 의료기관 사이에 견해 차이가 있는 사건을 다루면서 중립적 입장을 견지해달라는 요지를 성명서에 담았던 것이다.

그럼에도 우희종 교수는 대한의사협회가 ① 상황의 맥락과 요점이 무엇인지 파악하지 못하고, ② 상대방 말을 인용하여 마치 자기 말이 옳으니 상대방 말은 잘못되었다는 초등학생식 흑백 논리를 폈으며, ③ 학계에서 공인된 내용과 현재 연구가 진행 중인 내용을 구분하지 못하는 무식함을 드러내는 **코찔찔이 유치원생** 수준의 성명서를 발표하여 **국내 의사들의 얼굴에 똥칠**을 한 것이라고 하였다. 수의학을 전공한 우희종 교수가 자신의 전공과 무관한 대한의사협회가 돌아가는 사정을 어찌 안다고 이렇듯 저급한 단어를 들어 비난에 나섰는지 이해되지 않는다.

결국 대한의사협회는 우희종 교수가 블로그에 기술한 내용은 허위사실을 적시하여 전체 의사회원을 대표하는 대한의사협회의 명예를 중대하게 침해한 것이며, 지성인이 사용하기에 부적절한 용어를 써서 경멸의 의사를 표시하는 등 대한의사협회를 모욕하는 행위라 하여 손해배상 청구 소송을 제기하기에 이르렀다. 재판부는 우희종 교수가 '유치한 의사협회 성명서' 제하의 글을 즉시 삭제하고, 의사협회에 유감을 표하는 내용의 글을 게재하며, 대한의사협회는 나머지 청구를 포기하도록 조정하기에 이르렀다.

한편 우희종 교수는 1심판결이 내려진 직후 1심판결에 이의를 제기하는 사회적 반응에 대하여 "이번 판결을 보면서 한국에도 자연과학을 제대로 이해할 수 있는 판사가 있다는 것을 알게 됐다. 과학적으로 근거 없는 내용으로, 성실하게 판결한 판사를 색깔로 몰아가는 것은 우리 사회만의 우스꽝스러운 모습"이라 비난하고 "과학은 과학자의 말을 따라달라"라고 주문했다.[19]

하지만 항소심 재판부가 PD수첩 광우병 편의 방송내용 중 다수에 대하여 허위라고 판단하자, "재판과정에서 프리온질병을 연구하는 전문가들이 과학적 견해에 대해 충분히 증언했음에도, 2심재판부가 과학에 근거한 판단을 내리지 않은 것은 유감"이라고 비판했다.[20] 우희종 교수는 PD수첩 명예훼손 건에 대한 대법원의 최종 확정판결이 내려진 다음에도 "이 시대에 다시 보는 중세기판결"이라는 한겨레신문 기고문을 통하여 "과학은 과학자들의 실증적 연구에 의한 것이지 법정이나 토론장에서 결정될 수 없다"라며 대법원 판사들이 허접한 대중매체와 관변학자들의 검증되지 않은 사견에 휘둘렸다고 주장했다. 좌충우돌, 입맛대로의 논평이라는 느낌이다.

3장

한국인은 체질적으로 광우병에 잘 걸리나

한국인은 광우병에 잘 걸리는 체질이다?

PD수첩 광우병 편이 미국산 쇠고기의 광우병 위험을 증폭시키는 인상을 시청자들에게 주었다고 검찰은 주장했다. 먼저 주저앉는 소의 동영상을 보여주면서 **'광우병 걸린 소'**가 도축되어 식탁에 오를 수 있다고 하였다. 이어서 미국에서만 생활한 젊은 여성이 **'인간광우병이 의심되는 뇌질환'**으로 사망했다는 뉴스를 연결했다.

미국의 도축장에서 벌어지고 있는 도축지침 위반사례를 인용하여 미국산 쇠고기가 안전하지 못하다는 점을 부각했고, 미국산 쇠고기의 수입재개에 관한 한국과 미국 정부 간의 협상에 문제가 있음을 지적하였다. 그리고 미국에서 도축되는 소에 대하여 광우병을 스크리

닝하는 검사가 충분하지 않아 특정위험물질이 동물사료의 원료로 다시 사용될 수 있어 교차오염 가능성이 있다는 점을 부각하였다.

여기까지 방송한 내용만으로는 우리와 무관한 남의 나라 일이라 생각할 수도 있다. 실제로 1990년대 영국을 비롯하여 유럽 각국이 광우병으로 몸살을 앓는 동안 우리는 강 건너 불 구경하듯 관심조차 쏟지 않았다. 그러다가 2000년 광우병이 발생하고 있는 유럽국가로부터 육골분 사료가 수입되었다는 사실이 국내에 알려지면서 광우병 공포가 우리 사회를 뒤덮었다. 제1차 광우병 파동이 일어난 것이다. 당시 정부가 "유럽국가로부터 사료용 육골분이 공식 수입된 기록은 없다.", "우리나라는 광우병 청정국이다"라고 적극 해명하였고, 농림부장관, 보건복지부장관 등이 한우 쇠고기를 시식하는 행사를 하는 등 불끄기에 나서면서 사태가 수습된 적이 있다.

제1차 광우병 파동의 사례에서 볼 수 있듯이 남의 나라 일은 우리에게 강 건너 불 구경일 수도 있다. 하지만 '육골분 수입'처럼 남의 나라 일이 바로 우리 일이 될 연결고리가 있다면 이야기는 달라진다. PD수첩 광우병 편이 보여준 그 연결고리가 바로 "한국인이 광우병에 걸린 쇠고기를 섭취할 경우 인간광우병이 발병할 확률이 94%나 된다"라는 메시지였다.

사회자: 네. 어, 손정은 아나운서. 어, 우리, 그, 한국 사람들이 말이죠. 영국인이나 미국인 같은 서양인들보다 광우병에 더 취약하다, 이런 연구 결과가 있었다고요?

손정은: 네, 바로 한국인의 유전자 문젠데요. 먼저 화면 보시면서 설명하겠습니다. 한국인 500여 명의 유전자 분석을 실시한 결과 유전적으로 광우병에 몹시 취약하다는 것을 알 수 있었습니다. 프리온 유전자 가운데 백스물아홉 번째 나타나는 유전자형은 총 세 가지. 이 중 지금까지 인간광우병이 발병한 사람 모두가 메티오닌 MM형이었습니다. 즉 한국인이 광우병에 걸린 쇠고기를 섭취할 경우 인간광우병이 발병할 확률이 약 94% 가량 된다는 것입니다. 네, 그렇다면 미국인은 어떨까요. MM형을 가진 사람이 미국인의 약 50% 정도인 것으로 나타났습니다. 보시다시피 한국인이 영국인의 약 세 배, 미국인의 약 두 배 정도 광우병에 걸릴 가능성이 높다고 볼 수 있습니다.(자료 8)

앞서 보여준 '광우병에 걸린 소'(송일준 PD가 주저앉는 증상을 보이지만 도축된 소의 동영상을 언급한 것)가 도축된 것처럼 미국 도축장은 광우병 관리체계가 허술하다. 그래서 미국에서도 인간광우병이 발병한 것 아닌가 의심된다. 이제 미국에서 쇠고기를 수입하게 되면 인간광우병에 걸릴 확률이 미국 사람들보다 두 배나 높은 우리나

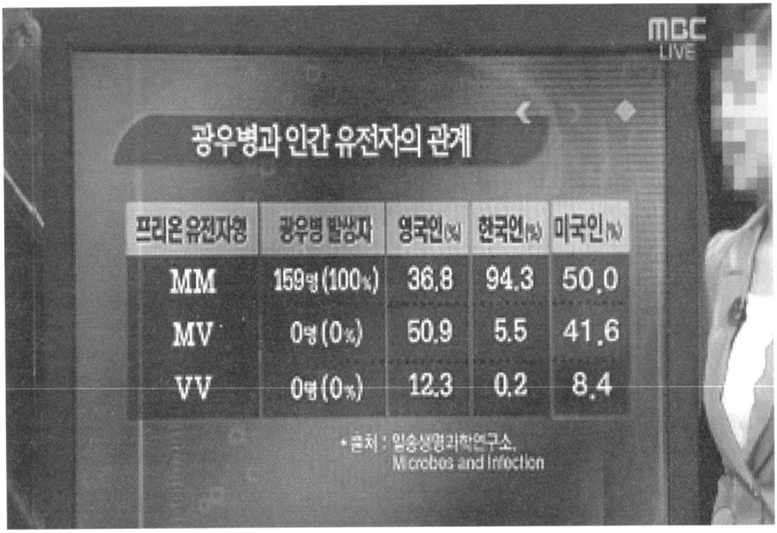

자료 8

라 사람들은 큰일이라고 쐐기를 박은 셈이다. 이젠 남의 나라 일이 아니라 우리 발등에 떨어진 불이 된 것이다.

문제는 한국인의 유전자 특성에 관한 실험자료를 바탕으로 하여 광우병에 걸릴 위험성을 손정은 아나운서가 지나치게 과장하였다는 점이다. 일단 PD수첩 측에서는 '인간광우병이 발병할 확률이 94%가량 된다'는 것이 잘못된 표현이라고 인정하였다. 그러고는 3개월 가까이나 지난 2008년 7월 15일 PD수첩 방송을 통하여 "특정 유전자형만으로 인간광우병이 발생할 확률을 예측하기 어렵기 때문에 MM유전자형을 가진 사람이 94%라고 해서 인간광우병이 발병할 확률이 94%라는 것은 부정확한 표현입니다"라고 방송하여 이를 정정했다고 주장하였다.

하지만 부정확한 표현이 아니라 지나친 표현이었다고 해야 옳다. 그뿐만 아니라 PD수첩 광우병 편의 방송으로 미국산 쇠고기의 안전성에 대하여 의구심을 품고 있던 국민의 감정이 끓어올라 촛불시위가 계속되는 상황에서 문제가 된 **'부정확한 표현'**을 적극적으로 바로잡는 노력을 하지 않고 미룬 것은 이해하기 어렵다. '프로그램이 사회에 미친 영향이 오래 지속되기를 바랐던 것은 아닐까? 미국산 쇠고기의 위험을 강조하는 데 효능촉진제로 활용하기 위한 의도가 있었던 것은 아닐까?'라고 의심했던 사람들은 혹시 없었을까 싶다.

PD수첩에서 인정한 '한국인의 인간광우병 발병 확률이 94%'라는 부분만 잘못된 것이 아니다. 한국인이 서양인보다 광우병에 취약하다는 내용을 설명한 손정은 아나운서의 멘트에서 핵심은 ① 한국인이 유전적으로 광우병에 몹시 취약하다, ② 프리온 유전자가 129번째 나타나는 유전자형은 총 세 가지, ③ 지금까지 발병한 인간광우병 환자는 모두 MM형, ④ 한국인이 광우병 쇠고기를 먹으면 인간광우병이 발병할 확률은 약 94%, ⑤ 한국인이 영국인의 약 세 배, 미국인의 약 두 배 정도 광우병에 걸릴 가능성이 높다 등으로 요약된다.

이 다섯 가지 가운데 '프리온 유전자가 129번째 나타나는 유전자형은 총 세 가지'라는 내용만이 사실일 뿐 나머지는 사실과 거리가 멀다.

손정은 아나운서는 한림대학교 일송생명과학연구소의 자료를 인용하였다고 했다. 영상에서 보여준 자료는 연구소의 김용선 교수팀이 프리온질환의 감수성에 관여한다고 알려져 있는 유전자의 표현형이 우리나라 사람에서는 어떻게 나타나는지 실험 결과 얻은 자료를 이미 알려진 외국 자료와 비교한 것이다. 이해하기 어려운 유전자 이야기를 쉽게 풀어보자.

유전자를 구성하고 있는 염기분석이 가능해지면서 특정 질환과 관련된 염기특성을 발견하려는 연구가 많아지고 있다. 프리온질환 역시 예외는 아니어서 사람의 뇌에서 중요한 역할을 하는 정상 프리온단백의 생산을 정하는 유전자의 129번째 codon(코돈)에 메티오닌(M)과 발린(V)이라는 아미노산을 지시하는 염기가 서로 경쟁하고 있다는 사실이 밝혀졌다. 이런 현상을 유전자의 다형성이라고 하는데 염색체를 쌍으로 가지고 있는 생물은 경쟁하는 염기의 숫자에 따라 여러 가지 형태로 구성될 수 있다. 프리온 유전자의 코돈 129번의 구성 예를 들면, MM형, MV형, VV형이 나타날 수 있다.

그런데 손정은 아나운서가 보여준 **'광우병과 인간 유전자의 관계'**

라는 제목의 표 자체가 자료를 정확하게 정리하지 못했다. 거두절미하고 광우병 발생자 159명의 프리온 유전자형(코돈 129번의 구성형)이 100% MM형이라는 자료를 먼저 보여주었다. 그다음에 보여준 영국인, 한국인 그리고 미국인의 프리온 유전자형 구성비율은 일반 국민을 대상으로 하여 조사한 결과이다.

영국 이외의 지역에서는 변종 CJD(인간광우병) 환자가 많이 발생하지 않았기 때문에 인종별 발병 가능성을 비교하는 것 자체가 불가능하다. 심지어 변종 CJD 환자가 영국에서 가장 많이 발생했기 때문에 변종 CJD에 위험요소로 ① 프리온 유전자 코돈 129가 MM형, ② 영국에 거주한 사람, ③ 나이 55세 이하인 경우 등으로 정리한 교과서도 있다.

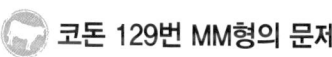

코돈 129번 MM형의 문제

프리온 유전자 코돈 129번 표현형의 새로운 의미를 중심으로 한국인의 변종 CJD 발생 가능성을 좀더 자세히 검토해보자. 광우병 때문에 우리에게 잘 알려지게 된 프리온단백은 정상인 사람의 뇌에 존재한다. 프리온질환에서는 프리온단백의 3차원 구조가 바뀌는 것이 중요한 변화이다. 정상 프리온단백은 아미노산이 나선형으로 배열

하는 3차원 구조, 알파-헬릭스를 나타내는데 프리온질환에서 보는 변형프리온은 납작한 모습의 베타-시트로 나타난다. 이처럼 프리온 단백의 삼차원 구조가 변하면 단백분해효소에 저항하는 성질이 생겨 신경세포에 축적되고 결과적으로 프리온단백이 쌓인 신경세포가 죽게 된다.

3차원구조의 변환을 가져오는 원인으로는 ① 유전형 프리온질환처럼 프리온단백 유전자에 돌연변이가 생기는 경우, ② iCJD나 vCJD, 쿠루(kuru)처럼 프리온질환에 걸린 사람이나 소에서 유래한 변형프리온을 섭취하거나 접촉하는 경우, ③ sCJD처럼 발병과정이 밝혀지지 않은 경우가 있다.

프리온질환과 관련이 있는 유전형질에 대한 연구 가운데 특히 프리온단백 유전자의 코돈 129번의 형태가 주목을 받았다. 코돈 129번의 유전자형에 따라 두 가지 아미노산, 메티오닌(methionine, M)과 발린(valine, V)이 들어갈 수 있어, MM형, MV형, VV형의 세 가지 유형이 만들어질 수 있다. 백인 인구집단의 코돈 129 구성비는 MM형이 37%, MV형이 51%, VV형이 12%이다. 가장 흔한 프리온질환인 sCJD 환자에서 백인집단의 코돈 129 구성비는 MM형이 71%, MV형이 15% 그리고 VV형이 14%로 되어 있어 MM형이 높은 빈도로 나타나고 있다. 반면 동아시아인에서는 코돈 129의 MM형이 압도적으로 많아

일본 92%, 타이완 97%, 중국 98%, 한국 94%로 조사되었다.

프리온단백 유전자 코돈 129의 구성비가 지역별 혹은 인종별로 큰 차이를 보이는데도 sCJD 환자가 발생하는 비율은 동서양 어디에서도 인구 100만 명 가운데 1명꼴이다. 이상하지 않은가? 백인 인구집단의 MM형 빈도가 37%이며, 백인 sCJD 환자의 MM형 빈도가 71%인 것을 비교한다면, 인구집단의 90% 이상이 MM형인 동아시아 국가에서는 sCJD 환자가 백인보다 더 많아야 한다. 하지만 프리온 질환의 보고체계가 잘 갖추어져 있는 일본에서는 sCJD 환자가 인구 100만 명당 1.28명 발생한다. 코돈 129번의 MM형만을 프리온질환의 위험요인으로 보는 것을 다시 검토할 필요가 있다.

그런데 영국의 프리온전문가 콜린지 등이 vCJD 환자 모두에서 프리온단백을 결정하는 유전자(PRNP)의 코돈 129번을 구성하는 메티오닌과 발린의 다형성이 MM형으로 구성되어 있다는 사실을 발견하면서 코돈 129번의 MM형을 vCJD 위험요인으로 꼽게 되었다.[21] 만약 코돈 129번의 MM형만이 vCJD에 잘 걸리는 위험요인이라고 한다면, 90% 이상이 MM형으로 나타난 한국, 일본, 중국 등 동아시아국가에서 사는 사람들은 vCJD에 걸릴 위험성이 매우 높다고 할 수 있다.

1986년 소에서 광우병이 처음 발견되어 무서운 속도로 확산되었고 뒤따라서 1996년에 사람에게서도 vCJD가 발생하여 2008년 12월까지 세계적으로 164명이 환자로 확인될 때까지 영국에서 발병한 환자는 모두 MM형 구성비가 37%인 백인이었다. 당시 영국에는 MM형 구성비가 90% 이상인 동아시아인은 없었을까?

지금까지 vCJD에 걸린 동아시아인은 일본인 1명이 유일한데, 이 환자도 영국에 체류한 것은 불과 수십 일 정도에 불과하다. 그렇다면 영국에서 살고 있던 동아시아인 대부분이 vCJD의 위험요인인 MM형의 코돈 129 유전형을 가지고 있음에도 vCJD에 걸린 사람이 발견되지 않은 이유는 무엇일까?

이 질문에 대한 정답은 아니지만 중요한 실마리가 될 연구 결과가 있다. 프리온질환에 저항하는 형질로 보이는 유전형질이 발견된 것이다. 프리온단백 유전자의 코돈 219번의 유전자 구성에서는 각각 글루탐산(Glutamic acid, E)과 라이신(Lysine, K)이라는 아미노산을 만드는 유전형질이 경쟁하고 있다.

일본의 기타모토 교수팀이 일본인 sCJD 환자를 대상으로 프리온단백의 유전자 구성을 조사한 결과 85명 모두 글루탐산을 만드는 유전형질 두 개를 가지고 있다는 사실을 밝혀냈다. 한편 정상 일본인을 대상으로 조사한 코돈 219의 구성비율은 EE형 85%, EK형 15%였다.[22]

재미있는 것은 같은 동아시아 지역에 해당하는 중국인(10%)과 한국인(8%)에서도 일본인과 유사한 빈도로 EK형이 나타나는데, 백인에서는 EK형이 발견되지 않는다는 것이다. 한국인의 코돈 219 구성비를 조사한 김용선 교수팀은 코돈 219의 EK이형접합이 sCJD에 저항하는 역할을 할 것이라고 주장했다. 물론 sCJD 환자에서 관찰된 결과를 vCJD에도 적용할 수는 없다. 그러나 지금까지 알려진 vCJD 환자 대부분이 백인이기 때문에 코돈 219가 vCJD에도 저항하는 형질이라고 단언할 수는 없지만 가능성은 충분히 있다.

PD수첩 광우병 편은 우리나라 사람이 대부분 코돈 129 유전형이 MM형이라서 vCJD에 위험하다고 하였다. 하지만 프리온질환에 저항하는 코돈 219의 EK유전형이 서양인에게는 전혀 나타나지 않지만 동아시아인에서는 10% 내외 수준으로 발견된다는 점을 빠뜨린 것은 문제가 될 수 있다.

이에 대하여 광우병 전문가를 자칭하는 교수는 코돈 129의 MM형만이 vCJD의 감수성과 관련된 요인이라고 교과서에 수록되어 있고, 코돈 219번의 EK형이 프리온질환에 저항한다는 사실은 아직 연구단계일 뿐이라고 하였다.

학생을 가르치기 위하여 만드는 교과서에는 보편적으로 알려진 과학적 사실만 수록하는 것이 맞다. 하지만 최근 들어 급속도로 발전하고 있는 과학 분야의 특성상, 관련 분야의 연구 성과를 제때 반영하지 못하는 것이 문제이다. 오죽하면 하버드 의과대학 학장을 지낸 시드니 버웰 교수는 "의과대학 학생 때 배운 지식의 절반은 향후 10년 안에 잘못되었다고 판명될 것이다. 불행한 것은 의과대학 교수들 중에서 어떤 지식이 잘못된 절반에 해당할지 아는 사람이 아무도 없다는 사실이다"[23]라고 했겠는가?

교수는 대학에서 학생교육만 담당하지는 않는다. 새로운 과학적 사실을 밝혀내기 위해서도 많이 노력해야 한다. 당연히 관련 분야에서 진행되고 있는 최신 연구동향과 그 의미를 파악하고 있어야 할 전문가가 교과서 수준에 머물러 있다면 전문가라 하기 어렵다.

참고로 vCJD에 관한 교과서 내용을 소개한다. "병인론적 관점에서 보면, vCJD는 원인품종, 노출경로, 중추신경계 밖의 침범조직과 감수성이 있는 개인의 유전형질 등에서 다른 형태의 CJD와 잠재적으로 차이를 보이고 있다. 이런 요소들이 어떻게 결합하여 vCJD의 특징적인 신경병리학적 양상을 만들어내는지는 현재까지 알려져 있지 않다. 특히 쿠루의 경우 MM형에서만 발병하는 변종 CJD와는 분명한 차이가 있다는 점에 주목할 만하다. vCJD는 광우병을 일으키는 품종이 사람으로 건너온 것으로, 입으로 먹어서 전달되는 특성이 있으며 코돈 129번이 MM형인 사람에서만 발병하는 것으로 알려져 있지만 아직은 규명되지 않은 다형성 유전인자가 영향을 미칠 가능성이 있다.”[24]

한국인의 인간광우병 위험을 주장했던 김용선 교수 역시 “프리온 단백의 코돈 129번에 대한 발표자료에서 한국인, 중국인, 일본인, 타이완인의 95% 이상이 MM형이고 백인은 MM형이 50% 미만이지만 이러한 차이가 한국인과 다른 아시아인이 변종 CJD에 대한 감수성이 높음을 의미하지 않는데(근거 없음), 질병은 다양한 유전적·환경적 요인의 영향을 받기 때문에 인종차이에 따른 다양한 유전적 요인을 감안할 필요가 있다” 라고 하였다.(자료 9)

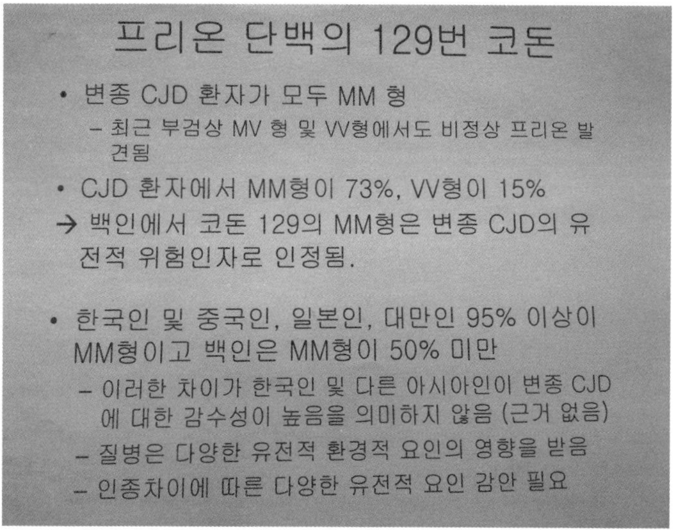

프리온 단백의 129번 코돈
• 변종 CJD 환자가 모두 MM 형
– 최근 부검상 MV 형 및 VV형에서도 비정상 프리온 발견됨
• CJD 환자에서 MM형이 73%, VV형이 15%
→ 백인에서 코돈 129의 MM형은 변종 CJD의 유전적 위험인자로 인정됨.
• 한국인 및 중국인, 일본인, 대만인 95% 이상이 MM형이고 백인은 MM형이 50% 미만
– 이러한 차이가 한국인 및 다른 아시아인이 변종 CJD에 대한 감수성이 높음을 의미하지 않음 (근거 없음)
– 질병은 다양한 유전적 환경적 요인의 영향을 받음
– 인종차이에 따른 다양한 유전적 요인 감안 필요

자료 9

쿠루병과 MM형 유전형

앞에서 프리온질환의 감수성에 간여하는 프리온단백 유전자의 코돈 129번과 219번에 대하여 자세히 살펴보았다. 특히 코돈 129번 MM형이 vCJD의 위험인자로 작용하지만 코돈 219번의 EK형이 프리온질환에 저항하는 인자로 작용할 가능성이 있다는 주장을 소개하였다.

다시 vCJD로 돌아와서, 코돈 129번의 유전형인 MM형이 프리온질환에 잘 걸리는 위험요인일까? 우리는 이미 광우병 소에서 유래된 식품을 먹어서 생기는 것으로 알려진 vCJD처럼 변형프리온을 섭취하여 2차적으로 발생한 질병을 경험했다. 남태평양 파푸아뉴기니섬에서 사는 포레(Fore)족 사이에서 유행했던 지역 프리온질환 쿠루(kuru)병이 그것이다.

이들이 식인종이라는 무서운 이미지로 각인된 것은 이들의 문화를 제대로 이해하지 못했기 때문이다. 포레족에게는 죽은 부족원의 신체를 나누어 먹는 풍습이 있는데, 이는 죽은 사람과 가까운 친족들을 중심으로 한 장례행사다. 이 지역의 문화적 특성 때문에 단백질 섭취가 부족한 아녀자들을 위하여 발전한 문화라고 해석된다.

쿠루병은 20세기 초반 죽은 사람의 신체를 먹는 풍습이 도입되면서 시작된 것으로 밝혀졌다. 죽은 사람 가운데 산발형 CJD 같은 프리온질환 환자가 있었던 것이 불행의 시작이었을 것이다. 다행히 죽은 사람의 신체를 먹는 전통을 금지한 뒤 쿠루병이 사라졌다. 따라서 쿠루병 사례를 조사하면 vCJD의 특성을 예측할 수 있을 것이다.

쿠루에 걸린 환자들의 유전형질을 조사한 연구가 있다. 1957부터 1959년 사이에 발생한 쿠루 환자의 코돈 129의 발현비율은 MM형 30%, MV형 44%, VV형 26%로 나타났다. 1964부터 1988년 사이에는 MM형 31%, MV형 15%, VV형 54%로 나타났다. 쿠루병의 유행이 끝난 1988부터 1993년 사이에 조사한 정상 포레족 주민에서 코돈 129의 유전형 발현비율은 MM형 38%, MV형 35%, VV형 27%로 조사되었다.[25]

주목할 점은 MM형 이외에 MV형과 VV형에서도 쿠루병이 발생하였다는 것이다. 이뿐만 아니라 쿠루병이 지속되면서 VV형 환자가 압도적으로 많아지고 있다. 정상인 포레족 집단의 코돈 129 유전형 구성을 보면, 백인 인구집단보다 MV형이 적고 VV형이 많은 구조인데, 이는 쿠루병의 영향 때문이라 해석된다.

쿠루병이 MV형이나 VV형에서 압도적으로 나타난 것처럼 vCJD 역시 MV형 혹은 VV형에서도 나타날 수 있다. 실제로 영국에서는 수혈로 vCJD에 감염된 사례에서 MV형이 발견되었고, 증상이 나타나지 않은 vCJD 감염사례가 VV형으로 밝혀진 경우도 나타났다.[26]

vCJD가 MM형인 사람만 걸리는 질병이 아니라는 점이 확인된 것이다. 이런 사례가 발견됨에 따라 MV형 혹은 VV형인 사람으로 구성되는 vCJD의 2차 유행이 올 것이라는 우려의 목소리도 있다. 또 잠복기가 긴 이들 환자 때문에 의인성 CJD가 출현할 수 있다는 가정도 나오고 있다.

코돈 129번 유전자형의 의미를 다시 해석할 필요가 있다는 연구가 있다.[27] 프리온단백질 코돈 129의 유전자형을 달리한 유전자변형 마우스에서 vCJD에 의한 감염을 실험한 연구이다. 사람의 프리온단백 유전자를 이식하여 만든 유전자변형 마우스를 이용해 인간의 유전자형에 따른 차이를 연구할 수 있다. 인간의 프리온단백질 유전형 MM형, MV형, VV형을 각각 이식한 유전자변형 마우스에 vCJD 환자의 뇌를 갈아 만든 현탁액을 우측 대뇌에 접종하여 600일 동안 관찰하였다. 그 결과 MM형인 마우스는 17마리 가운데 11마리, MV형은 16마리 가운데 11마리, VV형은 16마리 가운데 1마리에서 프리온질환 양성반응이 관찰되었다.

재미있는 것은 증상이 나타난 시기에 차이가 있었다는 점이다. MM형에서는 2마리가 400일 이전에 양성반응을 보이기 시작하여 다시 500일째 1마리, 600일째 3마리 그리고 600일 이상 생존한 마우스 5마리 모두 양성반응을 보였다. 시험기간 600일 이내에 다른 원인으로 폐사한 6마리는 음성이었다. MV형은 501~600일 사이에 4마리가 양성반응을 보였고, 600일 이상 생존한 마우스 가운데 7마리가 양성반응을 나타냈으며, 501~600일 사이에 폐사한 3마리와 600일 이상 생존한 2마리는 음성반응을 나타냈다. 마지막으로 VV형은 600일 이상 생존한 마우스 1마리가 양성반응을 나타냈을 뿐이며, 401~500일 사이에 폐사한 1마리, 501~600일 사이에 폐사한 5마리, 600일 이상 생존한 9마리는 음성반응을 나타냈다.

이와 같은 실험 결과를 쿠루병 환자집단에서 볼 수 있는 코돈 129 유전자 구성자료와 연계하여 해석해보면, 코돈 129에서 볼 수 있는 MM형, MV형, VV형이라는 유전적 다형성은 개체의 감수성이라기보다는 프리온질환의 특정위험물질을 섭취하여 발생하는 이차성 프리온질환에서 잠복기의 길이를 결정하는 요인이라고 할 수 있다. 즉, MM형이 잠복기가 가장 짧고 MV형이 중간에 해당되며, VV형은 잠복기가 매우 길게 된다는 것이다.

동물의 뇌에 존재하는 프리온은 무슨 일을 할까? 최근 연구에 따르면, 프리온의 일종인 CPEB는 자기증식성이 있어서 신경말단에서 단백질 합성을 할 수 있다고 한다. 프리온은 동물의 뇌에서 '시냅스를 강화하고 기억저장을 영속화'하는 생리학적 기능을 한다. 쉽게 정리하면 프리온은 단기기억을 장기기억으로 변환하는 데 중요한 역할을 한다. 실제로 인지능력이 손상되는 알츠하이머병 환자에서 코돈 129의 유전형에 따라 인지능력이 손상된 환자 비율을 조사해 보았더니 MM형이 2.5%, MV형이 2.9%, VV형이 7.0%로 나타났다.

동아시아에서 유럽에 걸쳐 있는 나라 사람들의 프리온단백 유전자의 빈도를 비교해보면 흥미로운 결과가 나온다. 일본, 중국, 한국 등 동아시아 사람에서는 코돈 129의 MM형이 93% 이상 표현되는데, 중앙아시아를 거쳐 유럽의 서쪽으로 갈수록 MM형의 비율이 떨어진다. 터키의 경우 57%이며, 슬로바키아 49.5%, 핀란드 48.1%를 거쳐 덴마크 37.2%에 이르는 것이다.

코돈 129의 유전자형 가운데 MM형이 인간의 기억에 기여하는 능력이 있다면 이와 같은 우수한 형질을 살리는 방향으로 진화가 일어나야 했다. 특히 식인습속이 있던 고대 인류가 프리온질환의 위협에서 살아남기 위하여 식인습속을 버리거나 프리온질환이 일찍 발현하는 MM형을 견제할 수 있는 형질을 도입해야 했다. 그래서 동아시아 지역에서는 프리온질환에 저항하는 형질인 코돈 219의 EK형질이 도입되었을 뿐 아니라 식인습속을 버리는 것으로 MM형의 기억능력을 살리는 방향으로 진화되었을 것이라고 추론할 수 있다.

반면 식인습속을 늦게까지 유지해온 유럽 지역에서는 프리온질환에 걸리고도 살아남기 위하여 VV형이 도입되는 방향으로 진화된 것이라고 해석할 수 있지 않을까? 프리온질환에 저항하는 효과가 있는 코돈 219의 EK형이 나타나지 않은 것과 비교해보면, 이는 단지 잠복기를 늘리는 것에 지나지 않아 실효성이 떨어지는 진화라고 하겠다. 실제로 포레족에서 생존한 쿠루 환자 가운데 VV형이 많았다는 사실이 이런 추론을 뒷받침한다고 생각한다.

하지만 이런 진화방식은 증상이 나타나 사망하기 전에는 다른 사람에게 영향을 미치지 않던 과거에는 통용될 수 있었겠지만 수술, 수혈, 검사 등을 통하여 정상인 사람이 프리온 환자가 가지고 있는 위험요인에 노출될 개연성이 많아진 현대에는 오히려 부정적인 효과가 있다고 보면, 역시 유전적으로 프리온질환에 저항하는 형질을 가지고 있거나 증상이 일찍 나타남으로써 집단에서 퇴출되는 기전이 집단보건에 긍정적인 효과를 가진다고 하겠다. MM형의 발현율이 높은 동아시아 사람들이 유럽인과 비교해서 유리한 방향의 진화를 선택한 것으로 믿고 싶다.

MBC 'PD수첩'이 과장한 인간광우병 발병 가능성

PD수첩 광우병 편에서 손정은 아나운서는 한국인이 유전적으로 광우병에 몹시 취약하다고 전했다. 그 이유는 지금까지 발병한 인간광우병 환자는 모두 MM형인데 한국인의 94%가 MM형이기 때문에 한국인이 영국인의 약 세 배, 미국인의 약 두 배나 더 광우병에 걸릴 확률이 높다고 한 것이다. 유전적 표현형으로 질환의 발병 확률을 단순 비교할 수 없다는 것은 앞에서 정리하였다. 과학적 사실을 제대로 확인하지 못한 제작진이 한 실수의 백미는 **"한국인이 광우병 쇠고기를 먹으면 인간광우병이 발병할 확률이 약 94%"**라고 주장한 것이다.

그동안 알려진 전달성 프리온질환은 중세 유럽 인구의 3분의 1을 죽음으로 몰아넣은 페스트나 20세기 초 최소 2,000만 명에서 1억 명까지 사망한 것으로 추정되는 스페인독감과는 다른 유행을 보였다. 특히 죽은 환자의 뇌를 포함한 사체를 먹는 습속이 있던 파푸아뉴기니의 하일랜드 지역에서 유행한 쿠루는 1957년부터 1961년까지 환자가 1,000명 발생하였다. 당시 쿠루 위험지역에는 4만여 명이 살았음을 고려할 때 연간 전체 주민의 0.5%가 쿠루로 사망한 것으로 보인다. 쿠루는 역학조사를 통하여 식인 장례절차를 금지한 이후 빠르게 사라져갔다.

광우병 소에서 나온 물질을 섭취하여 발병한 인간광우병(vCJD)은 환자의 신체 일부를 섭취하여 발생한 쿠루와 유사한 면이 있다. 그럼에도 vCJD는 쿠루와 상당한 차이를 보인다. 우선 환자 발생 상황을 비교해보면, 2011년 11월까지 전 세계적으로 222명이 확인되었는데 환자가 가장 많았던 영국에서 176명이 발생하였다.[28] 과학계에서 논란이 되었던 종간 장벽을 시사하는 점이다.

광우병이 확산되어 엄청난 수의 소가 쓰러진 영국을 비롯한 유럽을 중심으로 발병한 인간광우병 환자는 가장 많이 발생한 2000년에 28명이 사망한 것을 정점으로 하여 차츰 감소하였다. 다만 영국에서의 진단 사례가 2007년과 2008년을 저점으로 하여 상승세를 보였던 점은 앞으로 추이를 지켜볼 일이다.

영국의 경우 환자가 처음 확인된 1994년 이래 176명이 확인되었다. 2010년을 기준으로 영국 인구는 6,200만여 명이다. 가장 많이 사망한 해를 기준으로 하더라도 인구 200만 명에 1명꼴이 된다. PD수첩 제작진의 주장대로라면 영국인이 광우병 쇠고기를 먹으면 인간광우병이 발병할 확률이 36.8%가 되었어야 옳지 않은가? 그런데 광우병으로 사망한 확률이 200만분의 1, 즉 0.000005%였으니 어떻게 된 노릇인가?

PD수첩이 이와 같은 주장을 하게 된 이유는 한림대학교 김용선 교수팀이 발표한 논문의 내용을 확대해석했기 때문으로 보인다. 김용선 교수는 2004년 《가정의학회지》에 '광우병과 변종 크로이츠펠트 야콥병'이란 제목의 논문을 발표하였다. 이 논문은 그동안 김용선 교수의 연구실에서 수행한 연구 결과와 외국의 연구 성과를 비교하여 우리나라에서의 vCJD 전망을 담은 글이다.

김용선 교수는 우리나라 사람 대부분이 프리온단백 유전자 코돈 129번에서 MM형으로 나타나는 실험 결과를 해석하면서 "앞으로 국내에서 광우병이 발생된다면 변종 CJD 환자의 발생 가능성이 세계에서 제일 높은 나라가 될 가능성이 있다. 그 이유는 우리나라 사람들의 식습관으로 볼 때, 오래전부터 쇠고기뿐만 아니라, 소의 내장, 골 및 소의 뼈까지도 식재료로 사용하는 민족이며, 또한 광우병에 걸린 쇠고기 섭취 시 변종 CJD에 걸릴 확률이 제일 높은 유전형질인 프리온 유전자 코돈 129에 메티오닌/메티오닌 동형접합체를 정상인의 94.33%에서 갖고 있기 때문이다" 라고 소개하였다.[29]

한편 이 논문에는 **"또한 광우병에 걸린 쇠고기 섭취 시 변종 CJD에 걸릴 확률이 제일 높은 (한국 사람)"**이라는 표현도 있다. 사실 광우병에 걸린 소라 하더라도 우리가 쇠고기 형태로 섭취하는 근육에는 광우병의 원인체가 되는 변형프리온이 검출한계 미만으로 존재하고 있다. 조직감염성의 범주 수준 IV에 해당하는 것으로 간주되는 쇠고기를 먹어서 광우병이 인간에게 전달될 여지는 매우 희박하다.[30] 즉, 광우병에 걸린 소에서 얻은 고기라고 할지라도 도축과정에서 뇌조직으로 오염되지 않았다면 광우병에 걸릴 위험은 매우 낮다고 할 수 있다. 이뿐만 아니라 뇌와 척수가 들어 있는 부위를 절단하여 신경조직이 다른 부위에 튀었다 하더라도 충분히 세척하면 제거될 수 있다는 조사 결과도 있다.

한국인이 광우병에 잘 걸리는 체질이라는 방송 내용은 당시 인터넷을 떠돌던 광우병-후추씨 괴담과 어우러져 대중적 공포 분위기 조성에 한몫했을 수도 있다. 광우병-후추씨 괴담의 실체를 뒤쫓아 보자.

서울대학교 수의과대학 우희종 교수는 영국의 웰스 박사의 논문[31]을 인용하여 "광우병 소의 0.001g의 위험물질(뇌조직 등)로도 소에게 발병을 일으킨다"라고 주장을 했다(위키디피아 자료). 웰스 박사는 광우병 원인체의 감염력을 확인하기 위하여 ID50(절반의 감염 용량)을 구하는 실험을 했다. 즉, 실험대상 동물의 절반에서 질병을 일으키는 병원체의 농도를 측정한 것이다. 웰스 박사는 실험에서 광우병에 걸린 소의 뇌를 추출한 시료를 3x100g, 100g, 10g, 1g, 100mg, 10mg, 1mg으로 계단 희석하여 정상인 소에게 먹였고 실험 결과 ID50이 0.11~0.2g이라고 계산해냈다.

그런데 이 실험에서는 10mg과 1mg을 각각 접종받은 소 15마리 가운데 한 마리씩에서 광우병이 발생한 것을 두고 웰스 박사가 논문 말미에 "광우병 소의 뇌 1mg을 건강한 소에게 먹이면 광우병에 걸릴 수도 있다"라고 언급한 것을 우희종 교수는 광우병을 일으키는 최소 감염단위라는 개념으로 확대 적용한 것이다.

'국민건강을 위한 수의사연대' 박상표 정책국장은 한 걸음 더 나아가 2007년 9월호 신동아에 기고한 글 '인간광우병, 국산 쇠고기도 안전지대 아니다!'에서 "변형프리온이라는 괴물은 0.001g만으로도 인간광우병을 옮길 수 있다"라고 주장하였다.[32] 경향신문에서는 "광우병을 전염시키는 변형프리온 단백질은 이들 괴물들을 다 모아놓은 것보다 더 끔찍한 능력을 가지고 있다. 600도의 높은 열을 가하거나 시체를 담그는 포르말린에 넣어도 죽지 않으며, 방사선이나 자외선에도 끄떡없다. 더군다나 후추 한 알의 1000분의 1에 해당하는 0.001g이라는 눈에 보이지도 않는 작은 양으로도 광우병을 옮길 수 있다"라고 주장하였다. 프리온은 단백질이다. 따라서 생명을 가진 존재가 아니므로 '괴물'이나 '죽지 않는다'는 등으로 표현하는 것은 옳지 않다.

필자가 조사해본 바로는 광우병과 후추씨를 연관한 글은 박상표 국장의 후추씨론이 처음이었던 것 같다. 광우병-후추씨론이 인터넷에서 어떤 괴담으로 진화되었는지 확인해보라. 2008년 5월 7일 인터넷에서 검색된 글을 그대로 옮긴다.

후추로 간이 된 통닭 (광우병) 심각해요 ㅠㅠ 도와주세여

안녕하세요 ㅠㅠ 14살 학생입니다.

ㅠㅠ 제가방금 후추로간을한 치킨을 먹엇는데요

저희가족 다먹엇구요 ㅠㅠ

저희가족이제 광우병걸릴꺼ㅏ요 ㅠㅠ?

후추 한알갱이라도 먹으면 걸린다는대ㅔ

후추엄청있었슴....

그리구 ㅠㅠ 5 / 3일날 소도 수입햇고 ㅠㅠ

저이제 죽는건가요 아죽기싫어요ㅠㅠ

아글구 어제엄마가 회사사람들이랑 먹다남은걸 가져온건데 ㅠㅠ

시킨건맞을걸요 ㅠㅠ

아도와주세여 ㅠㅠ

정리를 해보면, 대다수 한국인이 vCJD에 감염되었을 때 조기에 증상이 나타나는 형질을 가지고 있는 것은 사실이다. 하지만 프리온 질환에 저항하는 형질을 가지고 있을 수 있으며, 프리온질환의 발현에는 유전요인과 환경요인 등이 복합적으로 작용할 수도 있다는 점을 간과할 수 없다. 프리온질환을 일으키는 변형프리온은 근육에는 검출한계 미만으로 극히 적은 양만 존재하기 때문에 쇠고기를 먹어서 광우병에 걸릴 확률은 극히 낮다.

한국인 대부분에서 프리온단백질 유전자 코돈 129가 MM형으로 구성되어 있다고 해서 한국인이 광우병에 잘 걸리는 체질이라고 단정하는 것은 적절치 않다. 광우병이 폭발적으로 유행할 당시 영국에서 거주한 한국인 가운데 vCJD에 걸린 사례는 아직 없다는 점도 주목할 필요가 있다.

한국인의 광우병 발병 가능성과 사법부의 판단

PD수첩 광우병 편에서 손정은 아나운서는 프리온단백 유전자의 코돈 129번에 나타나는 MM형, MV형 그리고 VV형의 발현 비율을 마치 인간광우병의 발병 확률인 것처럼 인용하여 한국인이 광우병에 잘 걸리는 체질이라고 주장하였다.

1심재판부는 PD수첩 광우병 편에서 이처럼 보도한 사실을 확인하였다. 그리고 재판부에 제출된 증거자료를 요약하여 "코돈 129번에 MM형, MV형, VV형이 나타나는 유전적 다형성이 있고, 현재까지 발생한 vCJD 환자는 모두 MM형을 가진 사람이었다. 국내 정상인의 94.33%가 MM형인 것으로 조사되었으며, 광우병이 국내에서 발생한다면 vCJD 환자의 발생 가능성이 세계에서 제일 높은 나라가 될 가능성이 있음을 암시한다는 연구논문이 2004년에 발표되었다. 이 논문에 대하여 국내 과학계의 별다른 비판이 없었고, 이 사건 보도 전에도 많은 언론에서 이 연구 결과를 인용하여 한국인이 유전적으로 인간광우병에 취약하다고 보도하여왔다"라는 사실을 인정하였다.

그리고 "위 인정사실에 따르면, 국내 정상인이 프리온 유전자의 코돈 129번의 유전자형이 MM형이어서 다른 나라에 비해 인간광우병에 걸릴 가능성이 더 높아 유전적으로 취약하다고 볼 수 있다. 한편, 명예훼손에서 적시된 사실의 내용 전체의 취지를 살펴보아 중요한 부분이 객관적인 사실과 합치되는 경우에는 그 세부에 있어 진실과 약간의 차이가 나거나 다소 과장된 표현이 있다고 하더라도 이를 허위의 사실이라 볼 수 없다 할 것인바, 앞서 인정한 바와 같이 이 부분 보도내용 전체의 취지는 한국인이 유전적으로 인간광우병에 취약하다는 것이어서 비록 그 보도내용 중간에 '한국인이 광우병에 걸린 쇠고기를 섭취할 경우 인간광우병이 발병할 확률이 약 94%가량 된다'는 내용이 들어 있기는 하나, 이는 전후 문맥에 비추어 과장되거나 잘못된 이해에서 비롯된 표현으로 보이므로, 이 부분 보도내용은 중요한 부분에 있어 객관적인 사실과 합치되어 허위라고 볼 수 없다"라고 판단하였다.

필자는 1심재판부의 심리과정에 증인으로 출석한 바 있고, 증언을 마친 다음에도 별도 자료를 제출한 바 있다. 제출 자료에는 이미 설명했던 사실들을 담았다. 특히 백인에서는 나타나지 않지만 동아시아인에서 표현되고 있는 프리온단백 유전자 코돈 219의 EK형이 인간광우병에 저항하는 유전형질일 가능성을 제시하였고, vCJD가 MM형 이외에 MV형과 VV형에도 발병했다는 사실, 그리고 쇠고기에 해당하는 소의 근육에는 광우병의 원인물질인 변형프리온이 검출한계 미만으로 존재하기 때문에 광우병에 걸린 소의 고기를 섭취한다고 해도 광우병에 걸릴 가능성이 매우 낮다는 사실 등이다. 그럼에도 재판부가 이를 인용한 흔적을 볼 수 없다.

검찰의 주장에 따르면 PD수첩 광우병 편을 제작한 조능희 CP는 2007년 9월 29일 방영된 MBC스페셜 '오해와 진실, 끝나지 않은 한미 FTA' 편에서 한국인의 유전자형과 인간광우병의 관계를 이미 다룬 바 있는데, 당시에는 한국인의 유전적 특성 때문에 인간광우병에 걸릴 확률이 94%라는 식으로 단정하지 않았다는 것이다. 또 제작진은 취재를 통하여 인간광우병의 발병에는 프리온단백질 유전자뿐 아니라 종간장벽 등이 복합적으로 작용하기 때문에 하나의 유전자형만으로는 인간광우병 발병 위험이 높다거나 낮다고 단정할 수 없다는 사실을 이미 알고 있었다는 것이다. 그럼에도 한국인이 광우병 쇠고기를 섭취하면 인간광우병에 걸릴 확률이 94%나 된다고 단정한 것은 제작진이 의도적으로 사실을 왜곡하여 방송한 것이라는 것이다.

PD수첩 제작진은 '인간광우병이 발병할 확률이 94%가량 된다'는 것이 잘못된 표현이었다는 점은 인정하지만, 코돈 129 유전자형인 MM형이 인간광우병에 취약하다는 과학적 사실을 전제로 하여 MM형이 대다수인 한국인의 경우 인간광우병에 취약하다는 점을 분명히 하자는 것이 보도의 취지였다고 주장했다. 방송 이후, 이와 같은 표현에 문제가 있음을 인정하고 2008년 7월 15일 PD수첩 방송에서 "특정유전자형만으로 인간광우병이 발생할 확률을 예측하기 어렵기 때문에 MM유전자형을 가진 사람이 94%라고 해서 인간광우병이 발병할 확률이 94%라는 것은 부정확한 표현입니다"라고 잘못 표현된 부분을 정정하였다는 것이다.

그런데도 "급박하게 진행된 제작 과정상 실수로 표현에 오류가 발생하기는 했으나 이 부분 보도취지의 진실성까지 부인되는 것은 부당하다"라고 주장하였다. 이는 보도취지의 진실성을 내세워 제작과정에서 오류를 걸러내지 아니한 잘못을 변명하는 것처럼 보인다.

항소심 재판부는 PD수첩 광우병 편의 방송내용을, "이 부분 방송보도의 흐름, 구체적인 수치와 도표의 제시에 의한 설명 방법, 그 표현의 명확성 등을 종합해보면, 시청자에게 주는 전체적인 인상에 따른 이 부분 방송보도의 내용은 '한국인의 94.3%가 프리온 유전자의 129번 코돈의 유전자형이 MM형이므로 한국인이 광우병에 걸린 쇠고기를 섭취할 경우 인간광우병이 발병할 확률이 약 94%이다' 라는 것이다" 라고 정리하였다. 그리고 이 부분 방송보도의 내용이 허위인지 판단하면서 증인 김용선, 우희종의 일부 법정진술과 검찰이 제출한 증거를 토대로 다음과 같이 정리하였다.

"이 사건 MM형 유전자 관련 보도의 내용과 같은 결론이 사실이려면, (ㄱ) '프리온 유전자의 129번 코돈의 유전자형이 MM형인 사람이 광우병에 걸린 쇠고기를 섭취하면 무조건(100%) 인간광우병에 걸린다.', (ㄴ) '한국인의 94.3%는 위 유전자형이 MM형이다' 라는 두 가지 전제사실이 인정되어야 한다. 이 가운데 (ㄴ)과 같은 연구 결과가 있는 것은 사실이다. 그러나 인간광우병 발병에는 다양한 유전자가 관여할 수 있고, 소의 특정위험물질에 대한 접촉 가능성, 섭취량, 섭취기간 및 빈도, 변형프리온을 섭취한 사람의 감수성 여부, 종간장벽 등이 복합적으로 작용하므로 위 (ㄱ)과 같은 전제사실은 인정되지 않는다. 따라서 이 사건 MM형 유전자 관련 보도의 내용은 허위이다."

검찰은 이 건을 상고하면서 이 부분 판결에 대하여 대법원의 판단을 별도로 구하지 않은 듯하다. 대법원 역시 별도로 판단하지 않은 것으로 보아 항소심 재판부의 **"MM형 유전자 관련 보도의 내용은 허위이다"**라는 판단이 확정되었다고 하겠다. 다만 PD수첩 정정보도 신청 건에서 대법원의 최종판단은 명예훼손 건과는 성격이 다른 측면이 있으나 PD수첩이 방영한 부분에 대한 대법원의 흥미로운 판단이 참고할 만하다.

대법원은 PD수첩 정정보도 신청 건을 심리하여, 한국인이 광우병에 걸린 쇠고기를 섭취할 경우 인간광우병이 발병할 확률이 약 94%에 이른다고 보도한 내용이 허위라는 원심판단은 정당하다고 최종적으로 판단하였다. 그 이유는 필자가 앞서 설명한 것처럼 인간광우병 환자들 가운데 MM형 이외에도 MV형과 VV형도 나타나고 있으며, 동물실험을 통하여 이를 뒷받침하고 있음을 확인하였다.

또 질병관리본부, 대한의사협회, 한국과학기술한림원 등에서도 인간광우병의 발병에는 다양한 유전자가 관여하고 하나의 유전자형만으로 인간광우병의 발병 위험이 높아진다거나 낮아진다고 결론을 내릴 수 없다는 견해를 표명하였다는 사실 등을 고려하였을 때, PD수첩이 주장하는 근거만으로는 인간광우병과 유전자 사이에는 일반적 상관관계가 있다고 단정할 수 없고 오히려 그 과학적 사실의 진위는 아직 밝혀지지 않은 상태라고 보아야 할 것이라고 하였다.

특히, 언론사가 과학적 사실에 관한 보도내용의 자료로 삼은 과학적 증거가 기준에 비추어 신뢰할 수 없는 것이거나 증거가치가 사실 인정의 근거로 삼기에 현저히 부족한 것이라면 그러한 자료에 기초한 사실적 주장은 진실이 아닌 것으로 인정할 수 있을 것이라 하였다.

그뿐만 아니라 과학적 이론은 언제나 정당한 것이거나 증명이 가능한 것이 아니며, 과학은 진실을 찾아가는 과정이므로 불확실성은 과학의 정상적이고 필수적인 특성이라 할 수 있다는 점을 분명히 하였다. 그리고 언론은 과학의 불확실성을 유념하여 과학적 연구의 가정과 전제를 잘 살펴서 신중한 자세로 보도할 것을 주문하였다. 특히 첨단과학이거나 논쟁적인 주제에 관한 경우에는 보도과정에서 과학적 연구의 한계를 언급하지 아니하거나 근거 없이 그 의미를 확대하여 보도하는 것을 경계해야 한다고 하였다.

PD수첩 정정보도 건을 다룬 대법원이 PD수첩이 방영한 '인간광우병이 발병할 확률이 94%가량 된다'는 주장의 잘못을 인정한 정정보도 부분을 언급한 점이 흥미롭다. 대법원이 정리한 2008년 7월 15일자 방송분의 전체 구성을 보면, 번역 오류 부분에 관하여 정정 및 사과하고, 2008년 4월 29일 방영된 PD수첩의 제작의도와 진실을 왜곡했다는 비난을 받아야 하는지 시청자에게 묻겠다는 식으로 보도를 시작하였다.

그리고 다른 언론매체가 지적하는 사항에 반박하거나 검찰수사의 부당성을 지적하는 내용으로 연결되고, 방송 끝부분에서 송일준 PD가 "마지막으로 한 가지 알려드리겠습니다"라면서 앞서 소개한 대로 오류가 있었다는 내용을 전하였다. 이어서 "앞으로 저희 PD수첩에게 '번역을 똑바로 해라. 좀더 흠 없는 방송을 만들어라'고 하시면 저희들이 얼마든지 달게 그 질책을 받겠다. 그런 질책을 양분으로 삼아 앞으로 더욱더 나은 방송을 위해 노력하겠다"라고 마무리하였다.

대법원은 이런 방송내용이라면 2008년 4월 29일 방송에서 다룬 내용의 "허위성을 교정함에 필요하고도 적절한 수준의 정정보도라고 볼 수 없다"라는 판단을 한 것이다.

4장

특정위험물질(SRM)은 무조건 안 된다?

특정위험물질(SRM)은 무조건 안 된다?

PD수첩 광우병 편의 네 번째 이슈는 특정위험물질(specific risk material, SRM)이다. 광우병에 걸린 소에 변형프리온이 특히 많이 쌓여 있어, 소나 사람이 먹었을 때 광우병 혹은 인간광우병에 걸릴 가능성이 높은 부위를 SRM이라 한다.[33] 따라서 이러한 부위가 사람이 섭취하는 식품이나 동물사료의 원료로 사용되지 못하도록 도축장에서 원천적으로 분리하여 폐기하도록 SRM을 규정하게 된 것이다.

SRM의 범위는 국제동물질병사무국(OIE)이 정한 기준을 토대로 나라별로 정하는데, 광우병의 발생 여부와 그 나라 음식문화에 따라서 다소 차이가 있다. SRM의 대상으로 검토되는 부위는 뇌, 눈, 두개골, 척수, 척주, 편도, 회장원위부 7곳이다. 하지만 SRM 대상 부위는 도축되는 소의 나이에 따라 차이가 있다.

OIE의 기준에 따르면, 구강에 있는 편도와 회장원위부(작은창자가 큰창자로 넘어가는 마지막 부위 2m 정도)는 모든 연령의 소에서 SRM으로 규정한다. 이 부위는 변형프리온에 오염된 사료를 먹인 동물에서 변형프리온이 먼저 나타나기 때문이다.

30개월령 이상 소에서는 뇌, 눈, 척수 같은 중추신경 부위와 이를 둘러싸고 있는 머리뼈와 등뼈가 SRM에 포함된다. 머리뼈와 등뼈 자체에서는 변형프리온이 만들어지지 않지만, 머리뼈에는 뇌를 비롯해서 눈과 삼차신경절 등이 들어 있고, 등뼈 덩어리 안에는 척수와 등배신경절이 들어 있기 때문에 SRM으로 분류하는 것이다. 하지만 등뼈 가운데도 꼬리뼈, 흉추 횡돌기, 천골 부위는 제외되는데 여기에는 척수나 등배신경절이 들어가지 않기 때문이다.

광우병이 광범위하게 확산되었던 영국을 비롯한 유럽연합 국가에서는 SRM의 범위를 다소 넓게 잡았다. 모든 연령의 소에서 편도와 십이지장부터 직장에 이르기까지, 즉 위를 제외한 모든 창자와 여기 붙어 있는 장간막까지를 SRM으로 규정했다. 그리고 아래턱을 제외하고 눈과 뇌를 포함하는 머리뼈와 척수는 12개월을 초과하는 소에서 SRM으로 정하고, 30개월을 초과하는 소에서는 등배신경절을 포함한 등뼈가 SRM으로 분류되었다. 하지만 등뼈 가운데 꼬리뼈와 경추, 흉추, 요추의 횡돌기와 극돌기 그리고 천추의 정중천골능선과 날개는 SRM에서 제외되었다.

여기에서 30개월이라는 기준이 적용된 이유는 무엇인가? 일차적으로 광우병에 감염된 소에서 광우병 증세가 나타나는 시기와 밀접한 관련이 있다. 광우병 소는 대부분 30개월령 이상인 것으로 드러났다. 평균적으로 4~6년의 잠복기를 거치므로, 처음 감염되는 시점에 생후 12개월을 더하면 생후 60~84개월이 보통 광우병이 발병하는 월령이라고 보고, 최대한 안전한 제한선을 두기 위하여 30개월을 기준으로 잡은 것이다.[34]

광우병에 걸린 소에서 변형프리온이 이동하는 경로를 조사한 연구에 따르면, 변형프리온으로 오염된 사료를 먹은 소의 편도에서 처음 변형프리온이 발견되며, 이어서 회장원위부에 있는 림프절에서 나타난다. 편도나 작은창자에 존재하는 림프절은 입을 통하여 침입하는 병원체를 방어하는 면역계의 최일선 방어벽이다. 작은창자의 점막 안쪽에는 림프소절이 광범위하게 분포하고 있지만, 특히 회장원위부에 나타나는 파이어스 판(Peyer's patch)에서 변형프리온이 많이 발견된다.

림프절 안으로 붙잡혀 들어온 변형프리온은 내장신경을 따라 척수와 뇌로 거슬러 올라가는데, 중추신경에 도달하는 기간은 섭취한 변형프리온의 양에 따라 차이를 보인다. 광우병 감염소의 뇌 100g을 섭취한 소는 섭취 후 30개월, 1g을 섭취한 소는 44개월 만에 뇌에서 변형프리온이 발견되었다는 실험 결과가 있다.[35] 역학적으로나 동물실험 결과를 보더라도 30개월을 기준으로 SRM을 정한 것은 안전범위를 넉넉하게 정하였다고는 하지만 아주 드물게는 30개월 미만인 소에서도 광우병이 발병한 사례가 있다.

정리해보면, 편도와 회장원위부는 연령 구분 없이 전체 도축소에서 SRM으로 규정되어 있지만, 뇌, 눈, 두개골, 척수, 척주 5곳은 30개월령 이상의 도축소에 적용되는 기준이다. 그런데도 PD수첩 광우병 편에서는 SRM에 대한 구체적인 설명도 없이 '광우병위험물질(SRM)'이라는 제목의 그림을 소개하고(자료 10에 나오는 숫자는 SRM별로 광우병 감염위험을 나타낸다), 미국과의 쇠고기 수입재개 협상 결과로 30개월 미만 소의 경우 편도와 회장원위부 두 부위만 제거하고 나머지 다섯 부위(뇌, 눈, 두개골, 척수, 척주)의 수입을 정부가 허용하였다는 식으로 보도한 것이다.(자료 11) 즉 30개월 미만인 소에서는 SRM이 아닌 부위가 마치 SRM인 것처럼 시청자들이 인식할 수도 있었다.

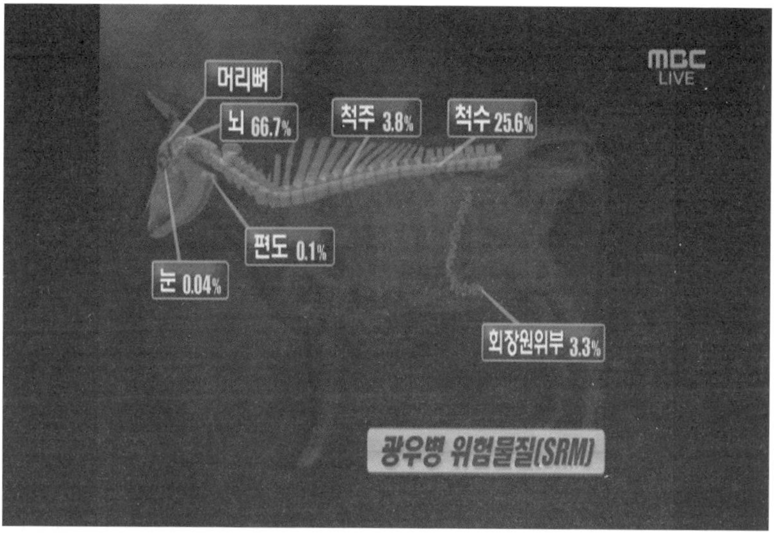
머리뼈
뇌 66.7%
척주 3.8%
척수 25.6%
편도 0.1%
눈 0.04%
회장원위부 3.3%
광우병 위험물질(SRM)

자료 10

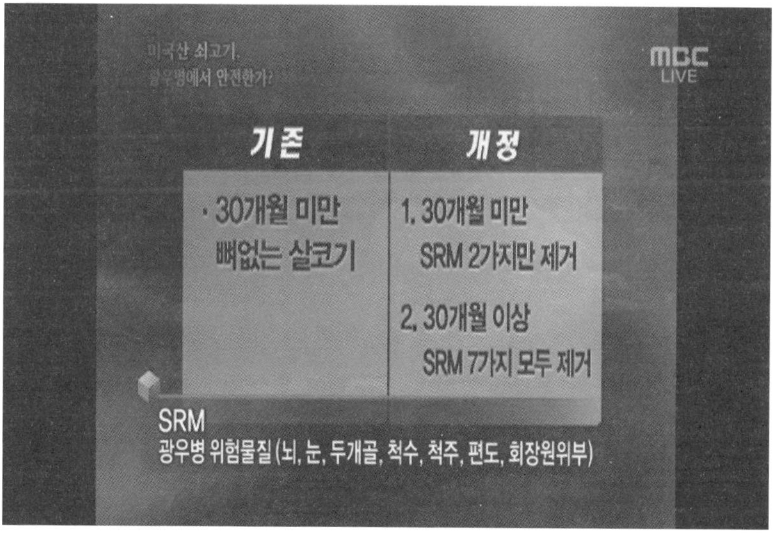
미국산 쇠고기,
광우병에서 안전한가?
기존
개정
· 30개월 미만
빼없는 살코기
1. 30개월 미만
SRM 2가지만 제거
2. 30개월 이상
SRM 7가지 모두 제거
SRM
광우병 위험물질(뇌, 눈, 두개골, 척수, 척주, 편도, 회장원위부)

자료 11

내레이션: 분노보다 컸던 건 바로 불안이었다. 많은 이들이 협상 결과가 어떤 의미인지, 믿고 먹어도 좋은지 불안해했다. 그간 우리가 수입했던 미국산 쇠고기는 30개월 미만의 뼈 없는 살코기뿐. 그러나 앞으론 30개월이라는 연령 제한이 없어지고 현행 광우병 특정위험물질 중 일부가 들어오게 된다. 무엇보다 우려를 사고 있는 건 30개월이라는 연령 제한 해제다. 개월 수가 높을수록 광우병 위험도 높아지기 때문이다.

박상표, 국민건강을 위한 수의사연대 편집국장: 지금까지 전 세계적으로 광우병이 18만 건 이상 발생했는데, 그중에 그, 99.5% 이상은 30개월령 이상의 나이든 소에서 광우병이 발생했습니다. 그러니까 20개월에서 30개월 사이에 광우병이 발생한 건수는 100여 건밖에 되지 않습니다. 이제 그렇기 때문에 우리 정부가 30개월 미만의 뼈 없는 살코기만을 수입하기로 이렇게 수입 위생 조건을 정했던 거고….

내레이션: 두 번째는 광우병을 유발시키고 인간에게 전염될 수 있는 위험물질이 유입될 수 있다는 것. 광우병에 걸린 소의 뇌를 검사하면 스펀지처럼 구멍이 뚫려 있다. 이를 유발하는 원인 물질이 바로 변형프리온이다. 프리온이 특히 고농도로 집중되어 있는 소의 부위를 특정위험물질이라 부른다. 소의 특정위험물질은 모두 일곱 가지. 지금까지는 우리나라에 유입된 적이 없던 부위들이다. 그러나 앞으론 30개월 미만의 경우 편도와 회장원위부만 제거하면 남은 다섯 가지는 들어올 수 있게 된다.

박상표, 국민건강을 위한 수의사연대 편집국장: 어, 뇌에 가장 광우병 위험물질이 많이 들어 있고요. 그다음에 척수에 많이 들어 있습니다. 근데 이런 부위가 30개월 이하라는 이유로 우리나라에 들어오는데 미국은 나이를 확인할 수 있는 방법이 없기 때문에 30개월령 이상이 들어오는지도 확인이 안 되는 거고….

박상표 국장은 수의사이면서도, SRM의 의미나 30개월령이 넘는 소에서 뇌나 척수에는 변형프리온이 들어 있을 가능성이 매우 희박하다는 사실을 잘 알면서도 "뇌에 가장 광우병 위험물질이 많이 들어 있고요. 그다음에 척수에 많이 들어 있습니다. 근데 이런 부위가 30개월 이하라는 이유로 우리나라에 들어오는데…"라는 식으로 얼버무리고 있다.

이뿐만 아니라 18만 건의 광우병 소 가운데 30개월령 미만의 소에서 광우병이 0.5% 발병한 것처럼 말을 시작해서 100여 건밖에라고 마무리하였다. 100두는 실제로 0.01%임에도 마치 0.5%나 되는 것처럼 인식되거나 '100두씩이나?' 하는 인상을 받게 될 수도 있다. '분노보다 컸던 국민의 불안'은 이처럼 왜곡된 정보를 제시한 사람들이 만든 것이라고 할 수밖에 없다.

앞에서는 PD수첩 광우병 편이 다룬 SRM의 내용상 문제점을 정리하였다. 즉 SRM을 정의한 배경을 설명하고, 연령에 따라서 SRM에 포함되는 부위가 달라진다는 점과 광우병의 발생이나 문화적 배경에 따라서 SRM으로 정하는 부위에 다소 차이가 있다는 점 등이다.

그런데도 서울대학교 수의과대학 우희종 교수는 "유럽연합에서 수많은 역학조사 결과를 보면, 비록 광우병은 30개월 이상에서 많이 발생하지만 실제로 감염은 6~7개월령부터 시작되는 것으로 알려져 있다. 이미 증상이 나타나기 이전인 30개월 미만이라도 현재 과학 수준으로 검출은 안 되지만 이미 감염력이 있다는 연구 결과가 있기 때문에 전 연령에서 SRM으로 규정하고 있다"라고 PD수첩 명예훼손 사건의 1심재판부에서 증언하였다. 하지만 전 연령에서 7개 부위 모두를 SRM으로 규정한 나라는 어디에도 없다.

도축소의 연령에 따라 SRM으로 분류되는 부위가 다른데도 PD수첩 광우병 편은 이를 분명하게 설명하지 않은 채 미국산 쇠고기 수입재개에 관한 협상 결과 지금까지 30개월령 미만의 살코기만 수입했기 때문에 전혀 문제가 되지 않았던 SRM이 들어올 수 있다고 하였다. 내레이션의 핵심을 요약해보면, "소의 특정위험물질은 모두 일곱 가지. 지금까지는 우리나라에 유입된 적이 없던 부위들이다. 그러나 앞으론 30개월 미만의 경우 편도와 회장원위부만 제거하면 남은 다섯 가지는 들어올 수 있게 된다"는 내용이 된다.

소의 특정위험물질로 지정되는 대상부위가 모두 일곱 가지인 것은 맞다. 하지만 그 가운데 편도와 회장원위부는 모든 연령에서 SRM으로 지정되지만, 나머지 다섯 부위(뇌, 눈, 두개골, 척수, 척주)는 30개월령 이상인 소에서만 SRM으로 지정된다. 그런데도 PD수첩은 마치 30개월 미만의 소에서도 나머지 다섯 부위가 SRM인 것처럼 설명하였다.

이런 내용의 내레이션에 이어 박상표 국장은 미국에서 도축되고 있는 소들의 나이를 확인할 방법이 없기 때문에 30개월령 이상의 쇠고기가 30개월령 미만인 소로 위장되어 들어올 수도 있다고 주장했다. 박상표 국장은 국회 청문회에서나 언론을 통하여 미국의 도축시스템에서 적용하는 치아감별법이 정확하지 않다고 했다. 하지만 치아감별로 소의 나이를 추정하는 방법은 상당한 과학적 근거가 있다.

광우병이 발생하여 빠르고 광범위하게 확산된 영국을 비롯한 유럽연합 국가에서는 소에서 발생하는 광우병을 근절하기 위한 다각적인 방안을 모색하였는데, 그 가운데 하나가 소이력관리제이다. 송아지가 출생한 시점부터 도축될 때까지 사육에 관한 모든 정보를 통합관리하는 제도이다. 소를 집약축산방식으로 사육하는 영국과 다른 미국의 소사육 환경에서는 이력관리가 쉽지 않은 까닭에 소이력관리제 도입이 늦었다. 따라서 도축소의 나이를 측정하는 방법으로 치아감별법을 집중적으로 활용해왔다.

소도 사람처럼 나이가 먹으면서 젖니가 빠지고 영구치로 대치된다. 송아지가 15개월 즈음 되면 아래턱에 젖니가 모두 여덟 개 나오게 된다. 영구치는 18개월 무렵 앞니부터 나오기 시작한다. 먼저 앞니가 한 쌍 나와서 24개월 무렵에 완전히 자리 잡게 된다. 30개월 무렵이면 두 번째 앞니 중 하나가 잇몸 위로 올라선다. 따라서 앞니 두 쌍이 모두 나온 상태라면 30개월령 이상이 되었다고 할 수 있으며, 모든 영구치가 나오는 데 48개월 정도 걸린다.[36] 따라서 도축소에서 SRM의 범위를 정하는 기준 30개월은 가운데 앞니만 한 쌍 나와 있는 상태에 적용하는 것으로 안전영역을 충분히 고려하였다고 볼 수 있다.

치아감별법에 대한 우희종 교수의 견해는 일관되지 못한 듯하다. 역시 PD수첩 명예훼손 사건 1심재판부에서의 증언을 보자. "30개월 미만 여부를 구분하는 데 치아감별법은 신뢰할 만한가요?" 하는 질문에 대하여 "우시장 등 일반인이 사용하기에는 충분히 사용할 수 있는 방법"이라고 전제하면서도 치아감별법이 약 6개월의 오차를 가지고 있다고 하였다. 이런 이유로 과거 30개월 미만의 살코기를 수입할 때 30개월을 결정하는 치아감별법을 반대하지 않았지만, SRM을 결정하는 방법으로 사용하는 것에는 과학자로서 인정할 수 없다고 답변했다.

우희종 교수는 치아감별법의 오차범위 6개월이 소의 영구치가 나오는 시기의 어느 시점에서 적용되는 것인지 설명하지 않았다. 하지만 첫 번째 영구치가 나오는 시점과 마지막 영구치가 나오는 시점에서의 오차범위가 다를 수 있다. 앞서 설명한 대로 앞니 한 쌍이 자리 잡는 시기가 24개월 무렵이고 중간 앞니가 잇몸에 드러나야 30개월 정도가 된다는 점이 치아감별법의 핵심이라고 한다면 우 교수의 치아감별법 편차를 도축현장에서 어떻게 적용하느냐 하는 문제일 뿐이라 하겠다.

PD수첩 광우병 편에서 박상표 국장이 우려했던 대로 30개월 미만의 소에서도 아주 드물게(0.01% 정도) 광우병이 발생하였다. 하지만 발병사례가 드물어서 이런 사례가 다른 소에 얼마나 전염력이 있는지 조사된 바는 없다. 다만 소 광우병의 잠복기 4~6년 가운데 70%가 경과된 시점에 해당하는 3~4년 된 소의 뇌와 척수의 감염력을 광우병 임상증상이 나타난 소와 비교했을 때 1,000배 정도 감소되었다. 그리고 50%에 해당하는 2~3년에는 3만 배 정도 감소되었다. 따라서 광우병 증상이 나타나지 않은 잠복기 상태 소에서 유래한 SRM 해당

부위는 위험도가 높지 않다고 하겠다.[37]

한 독자로부터 "2003년경에 제가 강아지 사료 한 알을 깨물었다가 뱉었는데, 만약 그것을 삼켰다면 광우병에 걸릴 가능성이 있나요?"라는 질문을 받았다. 역시 후추씨만큼 적은 양으로도 광우병에 걸릴 수 있다는 전문가(?)의 경고가 조성한 공포심 탓에 나온 질문이었을 것이다.

사실 사람을 대상으로 실험할 수 없으니 광우병에 걸린 소에서 유래하는 물질을 얼마나 먹으면 인간광우병에 걸리는지 현재로서는 알 수 없다. 다만 필리핀원숭이 두 마리에게 광우병 소의 뇌 5g을 먹였더니 그중 한 마리에서 광우병 증상이 나타났다는 실험 결과를 가지고 광우병에 걸린 소의 뇌 150g을 먹어야 인간광우병에 걸릴 것이라는 예상값을 내놓은 과학자가 있다.[38]

강아지 사료에 소의 SRM이 원료로 투입되었다는 가정을 하더라도 들어 있을 변형프리온의 양은 아주 적을 것이다. 따라서 필자는 강아지 사료 한 알을 먹었다고 했을 때 불행하게 인간광우병에 걸릴 가능성은 지극히 희박하다는 답변을 질문한 독자에게 보냈다. 만약 우희종 교수가 같은 질문을 받았다면 인간광우병에 걸릴 가능성이 충분히 있다는 답변을 주지 않았을까? 우 교수는 "(소의 SRM은) 증상이 나타나기 이전인 30개월 미만이라도 현재 과학수준으로 검출은 안 되지만 이미 감염력이 있다는 연구 결과가 있기 때문"이라며 모든 연령의 소에서 SRM으로 규정하고 있다고 했기 때문이다.

OIE의 앙고 사무차장은 2008년 6월 한 인터뷰에서 유럽연합은 과학적 통계에 근거하여 30개월 이상 된 소가 위험할 수 있다는 결론을 얻었지만, SRM 이외 부위는 30개월 미만이든 30개월 이상이든 위험하지 않은 것으로 본다고 했다. 그는 특히 "(광우병에) 감염된 소의 살코기만 먹은 경우 인간이 감염되었다는 증거가 전혀 없다"라고 하였는데, 그것은 광우병에 걸린 소의 살코기를 조사하였을 때 광우병을 일으키는 변형프리온이 현재의 기술수준으로는 검출되지 않을 정도로 낮게 존재하기 때문이라는 점을 근거로 한 것으로 보인다.

우희종 교수는 이런 견해에 대하여도 일반인을 혼란스럽게 하는 수사적 표현이라고 했다. SRM 기준이 질병예방을 위해서 건강한 소에 적용하는 개념인데 병든 소에서 SRM 유무를 논하는 것은 이상한 논리라는 주장이다. 그렇다면 우리 주변에 있는 식당에서 척수부위가 서비스로 제공되는 점에 대한 우 교수의 견해는 무엇인지 궁금하다.

'PD수첩'이 왜곡 인용한 미국의 광우병 감시체계

2012년 미국에서 네 번째 광우병 소가 발견되었다는 뉴스가 전해지면서 우리나라는 또다시 광우병 파동이 일 조짐을 보였다. 2008년 촛불시위 당시 미국산 쇠고기의 광우병 위험을 부르짖던 세력들은 당시 주장했던 내용을 되풀이하였다. 당연히 중요한 사실을 감추고 일반인에게 '미국소=미친소'라는 생각이 굳어지도록 하는 전략을 썼다.

미국의 네 번째 광우병 소 소식을 국내에 전한 언론매체는 초반에 이 소가 30개월령 이상이었고, 비정형광우병으로 확인되었다는 사실을 생략한 채 단순히 미국에서 광우병 소가 발견되었다고만 했다. 중요한 정보를 생략하여 미국산 쇠고기의 광우병 위험에 대한 불안감을 다시 증폭하려는 움직임이 일었지만, 사태는 2008년과 다소 다른 양상을 보였다. 즉, 미국에서 발생한 광우병 소에 대한 정확한 정보가 추가됨에 따라 큰 문제 될 것이 없다는 반론이 인터넷과 SNS를 통하여 확산되면서 일단 사태를 지켜보자는 주장이 대세를 이뤘다. 2008년 왜곡된 선동에 휩쓸려 갈팡질팡했던 충격 때문이 아니었을까 싶다.

미국에서 광우병 소가 발견되었다고 해서 온 국민이 거국적(?)으로 끓어 넘치고 다른 나라에까지 영향력을 미치는 나라는 대한민국이 유일할 듯하다. 정작 광우병 소가 발견된 미국의 국민이 차분한 것조차 이해되지 않는 모양이었다.

한겨레신문의 미주특파원 권태호 기자는 '광우병에 걸린 소들이 샘플 테스트에 걸리지 않고 유통됐을 가능성은 없었는가' 하는 것이 마음에 걸려 미국 국민의 반응을 조사해보았지만, 오히려 미국산 쇠고기 수출을 더 걱정하는 분위기인 것은 국민이 정부를 신뢰하는 까닭이 아닐까 추론하였다. 그러면서도 우리 정부가 "봐라, 광우병이 발생한 미국도 조용한데 우린 왜 이리 호들갑이냐?" 라고 할 것이라는 과감한 예상까지도 내놓았다. 한마디로 앞뒤가 맞지 않았다.[39] 2008년 미국산 쇠고기의 광우병 위험을 한껏 부풀려 국민 전체에 '광우병 트라우마' 가 생기도록 한 것이 누구였는지 잊은 것이었다.

당시 발견된 미국의 광우병 소는 비정형광우병으로 확인되었다. 127개월 된 젖소인데 농장주인이 우유생산이 줄어든 다음에도 처분하지 않고 키우다가 비척대는 증상을 보여 안락사시킨 뒤 정제공장으로 보냈다고 한다. 이곳에서 적극적 광우병 감시체계의 지침에 따라 표본 추출되어 광우병 검사를 받은 결과 비정형광우병에 걸린 것으로 최종 확인된 것이다.

여기에서는 PD수첩 광우병 편이 왜곡 인용했던 미국 도축장의 광우병 감시체계의 오류를 바로잡으려 한다. 먼저 방송에서 미국의 광우병 감시체계를 어떻게 인용했는지 보자.

내레이션: 미국에서 사육되는 소는 1억여 마리. 해마다 4,000만 마리 내외의 소가 도축된다. 그러나 그중 광우병 검사를 받는 소는 0.05%에 지나지 않는다고 한다.

휴메인 소사이어티 조사관: 농무부의 조사관은 하루에 딱 두 번 소들을 검사하러 왔습니다. 아침 6시 반, 오후 12시 반에 그는 와서 도살용으로 정해진 소들을 재빨리 눈으로 훑어보곤 했습니다. 소들이 그를 지나 걸어가거나 그냥 서기만 해도 합격이 되곤 했습니다. 농무부 조사관이 간 후 합격을 받은 소 중에서 많은 수가 쓰러졌습니다.

마이클 그래거, 휴메인 소사이어티: 예전보다 검사대상을 많이 줄여서 2,000마리 중 1마리를 검사하고 있습니다. 검사한 숫자의 소 가지고는 미국 전체의 매우 작은 부분밖에 못 봅니다. 미국 내에는 지금 9,700만 마리 소가 있는데 그중 약 1/3을 도살합니다. 그중 극히 소수만 검사하고 있기 때문에 전체 상황을 절대 정확하게 알 수 없습니다.

변형프리온이 쌓여서 광우병 증상이 나타나기 시작하는 소는 먼저 외부 자극에 예민하게 반응한다. 갑자기 빛을 비추거나 큰 소리를 들려주면 깜짝 놀라거나 거친 행동을 보인다. 우리가 흔히 알고 있는 주저앉는 증상은 광우병 말기에 운동을 관장하는 부분이 손상을 입어 나타나며, 광우병 이외에도 대사장애를 비롯한 다양한 원인으로 나타나는 증상이기도 하다.

휴메인 소사이어티 조사관이 주장하는 것처럼 수의학을 전공하고 광우병 감별교육을 받은 검사관이 도축라인에서 통과하는 소들을 육안으로 검사하여 광우병이 의심되는 증상을 보이는 소를 걸러내는 것이다. 광우병 검사를 통과한 다음 많은 소가 쓰러졌다고 하는 시민단체 조사관의 주장은 너무 막연한 불안감을 조성하는 발언이라는 생각이 들지 않는가? 또한 시청자들은 미국 내에서 도축되는 소의 0.05%만 광우병 검사를 받는다고 인용하는 내레이션이나 마이클 그래거의 주장을 별도 설명 없이 듣게 되면 필자라도 '정말 문제가 많은 나라구나' 하는 생각이 절로 들 수밖에 없을 것이다.

미국 농무성은 1986년 영국에서 광우병이 처음 확인된 다음, 1988년에 이르러 광우병 관련 과학자료를 검토하고 적절한 통제정책의 수립을 권고할 '광우병 대책반'을 구성하였다. 1989년에는 영국을 비롯한 광우병 발생국가로부터 살아 있는 반추동물(축우, 양, 염소, 사슴, 카리부, 엘크사슴 등)과 그 유래산물의 수입을 금지하였다. 그리고 1990년부터는 수의사, 목축업자, 실험실 진단검사 업무담당자 등을 대상으로 하여 광우병의 임상증상과 진단에 관한 사항을 교육하기 시작하였고, 미국 내에서 도축되는 소의 뇌를 검사하는 능동적 감시체계를 발동하였다.

2003년 12월 캐나다에서 수입한 소에서 광우병이 확인된 다음 미국 정부는 2004년 1월부터 광우병 감시프로그램을 강화하여 연간 26만 8,000두의 고위험군 소와 2만 두의 저위험군 소에 대하여 광우병 검사를 실시하기로 하였다. 건강한 소보다는 광우병 위험이 높은 군에 검사역량을 집중하여 광우병 소를 걸러내는 전략을 구사한 것이다.

이 프로그램은 99% 신뢰수준에서 1,000만 마리당 1마리 수준으로 존재할 수 있는 광우병 소를 찾아낼 수 있도록 설계되었다. 이 프로그램에 따라서 2004년부터 2006년 8월까지 모두 77만여 두의 소를 검사한 결과 2004년과 2006년 텍사스와 앨라배마 등에서 비정형광우병 소를 두 마리 발견해낼 수 있었다.

즉 미국 내에서 도축되는 소의 0.05%만 광우병 검사를 받는다는 PD수첩 광우병 편의 주장이나 2005년에 비해 급감한 0.1%만 광우병 검사를 받는다는 시민단체의 주장은 미국의 능동적 광우병 감시체계의 내막을 알면 그 의미를 금세 깨달을 수 있다.

미국산 쇠고기가 위험하다는 측이 금과옥조로 내세우는 도축소 모두에 대하여 광우병 검사를 의무화한 전수조사체제를 운용하는 일본의 속사정도 알고 보면 기가 막힐 것이다. 영국의 광우병 사태 초반에 관련 동물과 물질의 수입을 금하는 적극적 조처를 취한 미국과 달리 일본은 강 건너 불 구경하듯 손 놓고 있었다. 유럽으로부터 육골분을 수입하고 있었고, 일본 내에서도 폐사소 등을 재활용하여 육골분을 생산하고 있었음에도 불구하고 말이다.

일본 정부의 문서에 따르면 일본은 1988년부터 영국에서 살아 있는 소 19마리를 수입했으며, 1980년부터 1999년까지 영국과 덴마크, 이탈리아 등지에서 육골분을 수입했다. 또한 유럽연합 등에서 일본 정부에 보냈다는 광우병 위험 가능성에 관한 문서의 행방도 분명하지 않다는 사실이 나중에 확인되었다.

결국 2001년 8월 지바현에서 패혈증으로 폐기된 소가 광우병에 걸렸다는 것이 확인되었을 뿐 아니라 이 소가 육골분 생산에 재활용된 것을 알게 된 국민은 공포에 빠질 수밖에 없었다. 이런 국민을 달래기 위하여 일본 정부는 전수조사라는 극약처방을 하게 된 것이다.

영국을 비롯한 일본, 캐나다 등 광우병이 발생한 나라들과 사료오염으로 광우병이 발생하지 않은 오스트레일리아, 미국 등의 중요한 차이점은 광우병 발생 초기에 적극적인 대응조치를 마련했느냐, 아니면 방치했느냐의 차이이다.

기우일 수 있는 비정형광우병

2012년 5월 8일 '청년의사' 신문에서 하는 팟캐스트 '나는 의사다'

에 게스트로 초대받았다. 미국에서 네 번째로 발견된 광우병 소가 사회적으로 이슈가 되자 이 문제를 논해보자는 것이었다. '나는 꼼수다'가 인기를 끌면서 같은 형식으로 보건의료 분야의 이슈를 다루는 팟캐스트인데 상당한 인기를 끌고 있었다.

광우병을 처음 다루는 만큼 상당시간을 할애해서 광우병을 포함한 프리온질환 전반에 대하여 설명하고 미국의 광우병 소와 관련된 쟁점을 토론하였다. 지금까지 미국에서 발견된 광우병 소는 모두 4마리인데, 첫 번째는 캐나다에서 송아지로 수입한 소였고, 나머지 3마리는 모두 비정형광우병으로 확인되었다.

영국에서 시작되어 유럽으로 확산되었고 유럽지역 밖으로는 이스라엘, 일본, 캐나다 3개 국가로 확산된 정형광우병이 오염된 사료로 전염된 것과 달리, 비정형광우병은 아직까지 발병원인이 제대로 밝혀지지 않았을 뿐 아니라 다른 소를 전염시켰다는 증거도 발견되지 않았다. 일부 보도에 따르면 지금까지 확인된 비정형광우병 소는 모두 65건인데 산발적으로 발생해 심층연구를 할 수 없는 상황이라고 했다.

정형광우병이 주로 4~6세 젖소에서 많이 발견되는 것과 달리 비정형광우병은 8~18세로 나이 먹은 소에서 발견된다. 원인은 알 수 없지만 일상적인 접촉으로 다른 소까지 감염시키지 않기 때문에 사람에서 생기는 산발형 CJD에 해당한다고 이해하면 쉽다.

일부 전문가들이 미국에서 발생한 비정형광우병이 사료를 통해 전염되었을 가능성을 제기하였다는데, 만약 오염된 사료로 전염되었다면 당연히 비정형광우병의 정의를 새롭게 해야 하며, 비정형광우병의 관리체계를 세워야 한다. 비유한다면 산발형 CJD 환자와 접촉한 사람들은 사회에서 격리하고 감시해야 한다는 이야기가 된다.

비정형광우병, 특히 이번에 미국에서 발생한 L형 비정형광우병의 경우 필리핀원숭이의 뇌에 접종하여 실험해보았더니 광우병 소나 인간광우병 환자의 뇌조직을 접종하였을 때보다 생존기간이 짧고 임상증상 등을 고려하였을 때 고도의 병원성을 가졌다고 해석할 수 있다는 결과가 있다. 이 실험 결과를 인용하여 비정형광우병이 더욱 위험한 존재라고 경고하는 전문가(?)도 있다. 하지만 특별한 조건 아래 진행된 실험 결과를 무시할 수는 없지만 자연상태에서 비정형광우병이 어떤 양상으로 전파되느냐가 중요하다. 아직까지 자연상태에서는 다른 소나 동물을 감염시킨다는 증거가 없기 때문에 발생상황을 잘 감시하는 것으로 충분하다는 판단이다.

한 발 더 나아가서 2008년 정부가 국민에게 약속한 대로 미국에서 광우병이 발생하였으니 수입을 중단하라는 요구도 있었다. 아마 당시 정부에서 약속한 것을 정확하게 해석한다면 미국에서 발생한 광우병이 오염된 사료를 통하여 전파되는 형태의 광우병으로 소비자의 건강을 위협하는 상황이라면 당연히 그러한 조치를 내려야 할 것이다. 하지만 비정형광우병이 공중보건학적으로 대중의 건강을 위협한다는 증거가 없기 때문에 수입을 중단하는 조치까지는 필요하지 않다고 볼 수 있다.

필자의 이런 설명에 대하여 자리를 같이한 패널 가운데 사전예방의 원칙을 적용하여 위해요인을 사전에 차단하는 것이 옳지 않느냐고 질문하는 분이 있었다. '사전예방의 원칙'은 환경분야에서 나온 개념이다. 환경개발을 둘러싸고 예상되는 위험이 안고 있을 불확실성에 대처하기 위한 방안이다. 즉, 사전예방의 원칙은 규제자가 회복할 수 없는 심각한 환경적 위험이 예상되는 경우, 그러한 위험에 관한 과학적 정보가 확실하지 않더라도 사전예방의 규제조치를 취할 것을 요구하는 원칙이다.[40]

사전예방의 원칙은 적용대상이 되는 리스크의 정도와 비용연관성, 입증책임 등 다양한 요소를 검토하여 적용해야 한다. 하지만 인과관계, 중대성, 개연성 그리고 위해의 본질에 관하여 상당한 과학적 불확실성이 존재하는 경우에만 적용해야 한다. 그러기 위하여 어느 정도 과학적 분석이 전제된다. 즉 막연하거나 심리적 불안을 바탕으로 한 불확실성에까지 확대 적용하는 것은 타당하지 않다.

2008년 국회에서 열린 미국산 쇠고기 관련 청문회 자리에서 한 의

원은 미국에서 수입되는 쇠고기의 광우병 위험을 제로 수준에서 관리해야 한다며 국민 한 사람이라도 건강이 위협받아서는 안 된다고 강변했다. 하지만 제로수준의 위험관리라는 것이 사실상 불가능하다는 것을 본인도 잘 알고 있었을 것이다.

영국에서 처음 시작된 광우병이 유럽대륙으로 확산되었을 때, 유럽연합은 도축장에서 도축되는 소들 가운데 30개월 이상 된 소에게만 의무적으로 광우병 검사를 실시하도록 정하였다. 물론 30개월 미만에서도 광우병이 발생한 사례가 있지만 그 숫자가 많지 않았기 때문이다. 만약 일본처럼 도축되는 모든 소에 대하여 광우병 검사를 하도록 했다면 엄청난 비용이 고스란히 쇠고기값에 얹혔을 것이다.

2001년부터 2004년까지 유럽연합 역내 국가에서 건강한 소의 광우병 검사를 하는 데 16억 유로가 소요되었다. 이를 광우병 소 한 마리를 발견하는 데 드는 비용으로 환산해보면 160만 유로(최근 환율을 적용하면 23억 5,000만 원 정도)라고 하였다.[41] 같은 기간에 유럽연합 역내에서 발견된 광우병 소는 6,643마리다. 이것을 2009년부터 2012년 기간에 적용해보자.

2012년에는 2011년 수준인 29마리가 발생한다고 가정하면(사실 최근 광우병 발생추세를 보면 전년도의 절반수준으로 떨어졌다) 2009~2012년에는 169마리가 발견될 것으로 추정되어 예상되는 광우병 소는 2001년부터 2004년까지 39.3분의 1 수준이다. 따라서 같은 기간에 발견된 광우병 소 한 마리가 식탁에 오르지 않도록 하는 데 드는 기회비용은 924억 원이 되는 것이다. 그야말로 유럽에서 광우병 소는 황금소가 되는 것이다. 유럽연합은 이런 상황을 고려하여 2009년 1월 1일부터 30개월령의 소에 대하여 광우병 검사를 하던 기준을 48개월령 이상으로 상향조정하였다.

서울대학교 수의과대학 우희종 교수는 2012년 5월 2일 프레스센터에서 진보신문들이 공동으로 주최한 광우병감시 전문가자문회의 긴급토론회에서 "정부는 '광우병 걸린 소라도 뇌와 척수 등 특정위험물질만 제거하면 살코기가 안전하다' 고 했다. 이것이야말로 괴담이다" 라고 주장했다.[42] 아마도 광우병에 민감한 형질전환 마우스를 이용한 감염실험의 결과를 인용한 듯하다.[43]

앞서도 짚었지만, 실험실이라는 특수 상황에서 행한 실험 결과를 자연상태에 적용할 때는 상당한 주의가 필요하다는 점을 무시한 것 같다. 우희종 교수의 주장대로라면 SRM의 정의 역시 바꾸어야 하지 않겠나?

영국 정부가 2000년 발간한 광우병백서는 그야말로 우희종 교수가 좋아하는 이 분야의 교과서라고 할 수 있다. 광우병백서에서 규정한 광우병 소의 부위별 위험도를 보면 쇠고기에 해당하는 근육은 검출한계 미만으로 수준 IV에 해당한다. 그리고 세계동물보건기구(국제수역사무국)의 앙고 차장 역시 광우병에 걸린 소라 하더라도 고기를 먹어서 인간광우병에 걸린 사례는 없다고 밝힌 바 있다.

필자는 광우병과 인간광우병에 관하여 지금까지 밝혀낸 과학적 사실을 신뢰하기 때문에 광우병에 걸린 소에서 얻은 쇠고기를 먹을 용의가 있다는 점을 밝힌다. 1895년 콜레라 원인을 놓고 논쟁하던 중 코흐가 발견한 콜레라균이 담긴 물을 마시고도 콜레라에 걸리지 않았던 독일의 페텐코퍼의 요행수를 바라는 것이 아니다. 또 광우병에 걸린 소의 고기를 구할 수 없기 때문에 장담하는 것이 아니냐고 빈정거리는 사람도 있을 것이다. 마치 "내게 지구 밖의 한 지점과 긴 지렛대를 달라. 그럼 나는 지구를 들어올리겠다"라고 한 기원전 2세기 그리스 수학자 아르키메데스처럼 말이다.

16세기 지동설을 제창한 과학자 갈릴레이 갈릴레오는 아르키메데스 지점, 즉 지구를 들어올릴 수 있는 가상의 한 지점은 존재할 수 없다고 했다. 이 우주 안에 있는 모든 것은 운동하기 때문에 완전히 멈춘 지점을 찾을 수 없다는 것이다. 하지만 필자는 아르키메데스 지점이 지구와 같은 속도로 운동한다면 지구를 들어올리는 데 문제가 없을 것이라고 생각한다.

필자는 우리네 식당에서 아직도 내놓고 있는 척수(수준 I의 SRM)

를 더 걱정한다. 비정형광우병의 발생으로부터 자유로운 나라는 지구 어디에도 없다는 신념 때문이다.

특정위험물질에 대한 재판부 판단의 문제

미국에서 네 번째 광우병 소가 발견되었다는 뉴스가 전해지고부터 2008년 광우병 파동 때 '미국소=미친소'라는 주장을 쏟아낸 단체들과 이른바 전문가들은 예의 주장을 반복했다. 이들은 새로 발표된 논문을 근거로 내놓았고, 프리온전문가들이 광우병 위험을 강조한다는 말도 빠뜨리지 않았다.

2005년 12월 16일자 〈사이언스〉는 소에 생기는 프리온 감염과의 전쟁에 쏟은 공중보건 분야의 노력이 성과를 거두고 있어 신문지상에서 광우병이란 단어가 사라지고 있다고 했다.[44] 프랑스와 독일 등의 국가들부터 광우병을 관리하기 위한 방안을 마련하기 위하여 투입되던 재원(財源)을 다른 분야로 돌려 프리온질환의 연구에 넘쳐나던 연구비가 빠르게 줄어들고 있다는 것이다. 당연히 프리온을 연구해온 연구자들은 위기의식을 느낄 수밖에 없을 것이다.

〈아메리칸 스펙테이터〉의 편집주간 톰 베텔은 "미래에 대한 무시무시한 경고를 바탕으로 하는 모든 과학은 의심해보아야 한다. 그런 과학은 대부분이 정치적 목적 때문에 왜곡되어 있다"라고 경고하였다.[45] 과학 분야의 연구는 대부분 많은 돈이 필요하다. 따라서 연구비를 확보하지 못하는 과학자는 이 분야에서 살아남을 수 없다. 사회적으로 주목을 끄는 분야에 연구비가 쏟아지는 것은 당연지사이기 때문이다. 그런 이유로 과학자들은 자신이 하는 연구가 사회적으로 주목받아야 한다는 유혹을 떨치기 어렵다. **"과학자들은 희망뿐만 아니라 공포를 팔러 다닌다"**는 톰 베텔의 주장을 새겨들어야 하는 이유이다.

평소 과학이 정치권에서 왜곡되고 있다고 주장하는 우희종 교수는 암스테르담에서 열린 국제프리온학회에 참석해보니 많은 학자가 미국에서 발생한 비정형광우병의 확산위험성을 비롯하여 프리온단백의 유전자 코돈 129번의 MM이 인간광우병의 감수성과 관련된 유전자형이라고 했다는 주장 등을 트위터로 실시간 중계하면서 미국산 쇠고기의 위험성을 강조하였다.

PD수첩 광우병 편의 제작을 맡았던 조능희 CP 역시 트위터를 통하여 비정형광우병의 안전성에 관한 실험 결과를 요약하여 위험성을 확산하려 애썼다. 물론 관련 분야를 연구하는 다른 연구자들의 동의 여부는 밝히지 않았다. 예를 들면, 비정형광우병 소의 살코기에도 광우병 위험물질이 있고, 비정형광우병의 인간 전염을 밝힌 논문이 많다는 등이다. 조능희 CP의 주장대로라면 국제수역사무국이 기준을 정하고 많은 나라에서 사용해온 특정위험물질의 기준을 다시 정해야 할 것이다.

PD수첩 광우병 편이 방송한 내용 가운데 특정위험물질에 관한 재판부의 판단을 검토한다. 검찰은 "30개월령 미만 쇠고기의 경우 특정위험물질(SRM)은 편도, 회장원위부 2가지뿐이고 이를 모두 제거한 후 수입되기 때문에 30개월령 미만 쇠고기의 경우 수입되는 특정위험물질 부위는 전혀 없음에도 피고인들이 이 사건 방송에서 '이번 협상 결과 30개월령 미만 쇠고기의 경우 특정위험물질 5가지 부위가 수입된다"라고 보도한 것은 허위라고 주장하였다.

이에 대하여 1심재판부는 "국제수역사무국은 광우병위험통제국가의 월령 30개월 이상의 소에 대하여 뇌, 눈, 두개골, 척수, 척주, 편도, 회장원위부 7가지 부위를, 월령 30개월 미만의 소에 대하여는 그중 편도와 회장원위부 2가지만 특정위험물질로 분류하였으나 유럽연합은 월령 12개월 이상 소의 경우 두개골, 척수, 척주, 배근신경절, 장 전체, 편도, 장간막을 특정위험물질로 분류하지만, 월령 12개월 미만 소의 경우 그중 장 전체, 편도, 장간막만 특정위험물질로 분류하였고, 일본은 모든 소의 두부(혀, 볼살 제외), 척수, 척주, 회장원위부, 배근신경절을 특정위험물질로 분류하였으며, 우리 정부도

2007년 9월 11일 제2차 전문가회의에서 모든 소의 뇌, 눈, 두개골, 척수, 척주, 편도, 회장원위부 7가지 부위를 특정위험물질로 분류한 사실을 인정할 수 있다"라고 하였다.

그리고 "위 인정사실에 의하면, 소의 특정위험물질을 분류하는 절대적 기준이 있다기보다는 나라 또는 분류기준에 따라 다양한데, 소의 특정위험물질이 모두 7가지라고 보도한 것은 우리 정부의 종전 분류기준에 따랐다고 볼 것이고, 30개월 미만의 경우 편도와 회장원위부만 제거하고 남은 다섯 가지는 들어오게 된다고 보도하였으므로, 이 부분 SRM 관련 보도내용은 곧 허위라고 볼 수 없다"라고 판단하였다.

한편 항소심 재판부에서도 1심재판부가 인용한 근거에 더하여 이 사건 방송 당시 시행되던 미국산 쇠고기 수입위생조건(2006. 3. 6 농림부장관 제정고시)에는 "미국에서 우리나라로 수입되는 쇠고기의 특정위험물질을 '모든 연령의 소의 뇌, 눈, 척수, 머리뼈, 척주, 편도, 회장원위부 및 이들로부터 생산된 단백질 제품'이라고 분류"하였으므로, 30개월령 미만의 소에서 편도, 회장원위부를 제거하더라도 뇌, 눈, 척수, 머리뼈, 척주 5가지 특정위험물질이 수입될 수 있다는 점 등을 인용하여 **"이 사건 특정위험물질 관련 보도의 내용을 허위라고 할 수 없다"**라고 판단하였다.

이 건의 상고심을 심리한 대법원 제2부는 "이 부분 상고이유 주장은 사실심의 전권에 속하는 원심의 사실인정을 탓하는 취지에 불과하여 적법한 상고이유에 해당하지 않을 뿐만 아니라, 관계 증거를 원심판결 이유에 비추어 보더라도 원심의 이 부분 판단에는 상고이유에서 주장하는 바와 같은 논리와 경험칙에 위배하여 자유심증주의의 한계를 벗어나 판결에 영향을 미친 위법이 없다"라고 판단하여 PD수첩 광우병 편의 특정위험물질 수입 관련 보도의 내용이 허위가 아니라는 점을 최종 확인한 셈이다.

한편 민사소송으로 진행된 PD수첩 정정보도 신청 건에서도 특정위험물질에 관한 보도내용은 1심과 항소심에서 모두 허위가 아니라고 판단하였고, 대법원 역시 "원심이 적법하게 채택한 증거들에 의하여 살펴보면, 원심의 판단은 정당하다. 원심판결에 상고이유에서 주장하는 반론보도청구권 행사의 정당한 이익에 관한 법리오해 등의 위법이 없다"라고 원심의 판단을 확정하였다.

이와 같은 재판부의 판단은 기왕의 고시 혹은 전문가회의 등에서 7개 부위에 대하여 연령제한 없이 특정위험물질로 규정해왔다는 점에 근거를 두었다고 하겠으나, 사실상 광우병 연구가 진전됨에 따라 특정위험물질 기준 역시 수정·보완되어왔고, 이런 사항들이 PD수첩 광우병 편이 방영되기 직전 타결된 한미 쇠고기협상 과정에서 특정위험물질에 관한 내용을 규정하는 데 반영된 것이라고 한다면, PD수첩 광우병 편에서는 연령에 따라 특정위험물질의 기준이 달라진다는 점을 시청자들이 명확하게 인식하도록 해야 했다. 즉 특정위험물질의 기준 역시 과학적 원리를 바탕으로 정하고 보완된 것이기 때문이다.

재판부가 판결문에 담은 "현대의 과학기술 수준이라는 것은 절대적으로 확실성을 보장할 수 없으며, 과학 그 자체는 본질적으로 불확실하여 어제의 과학적 진실이 내일 허위로 판명된 사례를 역사상 찾기는 그다지 어렵지 않기 때문이다"라는 기본취지를 바탕으로 내린 판단이라 해도 아쉽다는 느낌이 남는다.

과학적 연구 성과를 바탕으로 하여 특정위험물질에 대한 기준이 이미 바뀌었다면 PD수첩 광우병 편에서는 새로 바뀐 기준을 토대로 한 정보를 시청자들에게 전달해야 했는데도 최근의 변경사항을 언급하지 않은 것은 프로그램 제작에 최선을 다하고 시청자들에게 최신 정보를 제공해야 할 언론으로서 기본사명을 다한 것인가 생각해볼 노릇이다.

5장

미국에서 광우병 발생하면 무조건 수입중단?

미국에서 광우병 발생하면 무조건 수입중단?

2012년 4월 25일 미국에서 네 번째 광우병 소가 발견되었다는 뉴스가 전해지자 2008년 광우병 파동 때 '미국소=광우병 소'라고 외치던 사람들이 다시 들고일어났다. 마치 2008년에 끝장을 보았어야 하는데 국민이 끝까지 따라와주지 않은 것이 섭섭했다는 듯이 말이다. 그들은 과학적으로 타당한 근거보다는 특별한 목적이 있어 보이는 소비자단체 혹은 과학자라는 사람들의 막연한 추측성 발언을 근거라고 제시하였다.

하지만 국민은 2008년의 파동을 지나면서 광우병에 대하여 많이 공부하였고, 이미 냉정해져 있었다. 오히려 2008년 그들의 주장에 이

끌려 쓸데없이 걱정을 키운 것을 후회했는지도 모른다. 미국에서 비정형광우병 소가 발견되었다는 소식이 전해지면서 위축된 미국산 쇠고기 소비는 국민이 대응방법을 깨쳤음을 엿볼 수 있게 한다. 미국산 쇠고기가 안전하다는 판단이 설 때까지는 먹지 않으면 된다는 것이다. 아니면 쇠고기 판매업자가 지레 겁을 먹고 엎드린 것일 수도 있겠다.

결국 미국에서 발생한 광우병 소가 비정형광우병으로 밝혀졌음에도 광우병 소 발생과 관련된 사실이 모두 밝혀질 때까지 미국산 쇠고기 수입을 중단하라고 주장하기 시작하였다. 정부에서 약속했으니 지키라는 것이다. 미국산 쇠고기를 수입하는 국가들 가운데 타이와 인도네시아 등이 수입을 잠정 중단한다고 발표했을 뿐 미국산 쇠고기를 대규모로 수입하는 일본, 멕시코, 유럽연합 국가들은 특별한 조처를 취하지 않았다. 우리 정부는 광우병 발생상황과 도축장 검역실태를 조사하기 위하여 조사단을 미국에 파견하였는데, 이처럼 미국에 광우병 조사단을 파견한 나라도 우리나라를 제외하고는 별로 없다.

저들이 주장하는 미국산 쇠고기 수입중단 요구는 2008년 정부가 약속한 일이라는 것이다. 이런 주장이 틀린 것은 아니다. 2008년 5월 8일 도하 일간신문에 실린 정부의 광고문안에는 "미국에서 광우병이 발생하면 즉각 수입을 중단하겠습니다"라는 내용이 들어 있다. 정부가 '국민건강을 위협하는'이라는 단서를 넣지 못한 것은 당시 끓어오르던 사회적 분위기에서는 이조차 통할 것 같지 않아서였을 것이라 짐작은 가지만 비겁한 짓이었다. 미국산 쇠고기 수입재개를 위한 협상 결과 타결된 수입위생조건의 일반요건 제5조에는 (미국에 광우병의) 추가 발생 사례로 인해 국제수역사무국(OIE)이 미국 광우병 지위 분류에 부정적인 변경을 인정할 경우 한국 정부는 쇠고기와 쇠고기 제품의 수입을 중단한다"라는 규정이 있다. 하지만 이번에 미국에서 발생한 비정형광우병은 우리 국민은 물론 미국 국민의 건강을 위협하는 상황으로 인식하기 어렵다는 것이 학계의 일반적 견해이다.

2008년부터 개념어로 자리 잡은 '검역주권'이라는 단어는 앞서의 수입위생조건에서 나온 말이다. 해석에 따라서 우리 정부는 국제수역사무국의 판단에 의존하여 미국산 쇠고기의 수입중단 여부를 결정하겠다고 이해될 수 있기에 이명박 정부가 검역주권을 포기한 것이라는 비아냥을 받게 된 것이다. 이런 상황은 이미 PD수첩 광우병 편에서 예고하였다.

내레이션: 쇠고기협상 타결 직후 워싱턴에서 미 무역대표부 대표의 기자간

담회가 열렸다. 우리는 쇠고기 수입국의 입장에서 다우너카우 동영상과 아레사의 사망, 두 가지 사건에 대해 미 정부의 의견을 물어봤다.

수전 슈워브, 미 무역대표부 대표: 중요한 점은 이겁니다. 당신이 언급하고 있는 일화들은 한국 소비자들의 건강과 안전에 관계없는 것입니다. (협정상에는) 안심할 수 있는 장치들, 감사 결과나 검역 등 여러 층의 보호막이 언론이 아닌 과학에 근거해 있습니다.

사회자: 김보슬 피디, 어, 국민들의, 인제, 생명이 걸려 있는 문젠데, 에, 우리 정부가 조금 너무 안이한 자세로 협상에 임하지 않았나 하는 느낌을 받는데 말이죠. 어, 이번 협상 결과를 놓고, 어, 말들이 많은데 문제가 지금 뭐죠?

김보슬: 어, 우선 협상 결과에 대해서 국민들이 잘 모릅니다. 워낙 어려운 용어가 많고요. 정부에서는 무조건 믿으라고만 할 뿐 정확한 정보를 주지 않습니다. 정부에서는 국민들의 안전을 최우선으로 협상했다고 말을 했고, 미국산 쇠고기는 99.9% 안전하다고 말을 했습니다. 하지만 협상 결과를 보면 과연 국민들의 안전을 지키기 위해서 어떤 노력을 했을까 의문이 들지 않을 수 없습니다.

PD수첩 광우병 편의 방송내용을 나누어 보면 미국 무역대표부의 수전 슈워브 대표가 협정문에는 소비자들이 안심할 수 있도록 하는 장치들, 예를 들면 감사 결과나 검역 등과 같이 막연한 여론이 아니라 과학에 근거한 여러 단계의 보호장치를 만들어두고 있다는 점을 설명하였다. 하지만 송일준 PD가 바로 이어받아 '국민들의 생명이 걸려 있는 문제', '우리 정부가 안이한 자세로 협상에 임한 느낌'이라는 감성적 표현으로 시청자들을 의심의 심연으로 몰아넣었다.

김보슬 PD는 한 술 더 떠서 협상문의 용어가 너무 어려워 국민이 이해할 수 없는데다가 정부는 무조건 믿으라고 할 뿐 정확한 정보를 주지 않는다고 눙치면서 협상 결과를 놓고 보면 정부가 무슨 노력을 했다는 것인지 알 수 없다고 주장했다.

일견해서는 중립적 시각으로 보이는 구조이다. 하지만 필자의 경우 시사프로그램을 시청할 때 인터뷰에서 인용되는 발언보다는 스튜디오에서 진행되는 사회자와 출연자가 주고받는 대화에 더 집중하는 경향이 있는 것으로 보아 시청자들의 관심 역시 송일준·김보슬 PD의 주장에 집중되었을 수도 있다.

이뿐만 아니라 이 장면은 수의사연대 박상표 편집국장의 SRM에 관한 발언으로 이어지고 김보슬 PD가 "미국의 도축시스템에 대해서 우리 정부가 그 실태를 본 적이 있는지, 보려는 노력을 했는지 그것도 의문입니다"라고 정리하였다. 이어서 2008년 당시 쇠고기협상을 준비하는 과정에서 가축방역협의회가 열린 적이 없다는 전국한우협회 남호경 회장의 발언이 있었다. 이 발언을 “참여정부 시절 한미 쇠고기협상을 담당했던 박홍수 전 농림부장관은 이번 협상과정에 문제를 제기했다”라는 내레이션에 이은 박홍수 장관의 발언으로 확인하였다.

> 박홍수: 저도 그것을 확인을 하고 싶은데, 협상재개를 할 때에는 반드시 가축방역협의회에 전문가 교수님들과 전문가들이 구성된 가축방역협의회가 있습니다. 거기에다 사안을 올려놓고 검토를 받아야 돼요. 그런 것들을 생략하고 했다면 요즘 흔히 쓰는 ‘졸속협상이다’ 하는 그런 비난을 면키 어렵죠.

2008년 광우병 파동에서 앞장서서 정부를 비난했던 박홍수 장관은 누구인가? 그는 2005년 1월 5일부터 2007년 8월 31일까지 제55대 농림부장관을 맡았다. 그는 참여정부가 심혈을 기울이던 한미 FTA 협상타결의 주역으로 꼽힌다. 특히 장관 시절 중단되었던 미국산 쇠고기 수입이 재개되자 X-선 검사장비를 동원하는 유례없는 검역체계를 도입하였다. 그리고 미국산 쇠고기상자에서 뼛조각이 발견되자 수입물량을 전량 반송조치하는 등 강경하게 대응하였다.

이명박 정부의 졸속협상을 비난했던 박홍수 장관도 농림부장관

재임 기간 진행된 농축산물 개방에 관한 협상과정에서 "쌀과 다른 농축산물의 개방협상을 분리해 대응했다"라는 농림부의 설명과 달리 농민단체에서 의혹을 제기한 것처럼 쌀협상과 관련한 이면협상이 있었음을 국회에서 인정한 바 있다.[46] 이는 당시 정부가 추진한 쌀협상이 협상시한에 쫓겨 상대국의 요구를 수용할 수밖에 없는 예정된 부실협상이었다는 것이다.

이어서 2008년 미국산 쇠고기 수입재개에 관한 우리 정부의 협상과정에 대한 PD수첩의 지적을 살펴본다.

한미 쇠고기협상은 진정 졸속협상이었나

PD수첩 광우병 편에서 한미 쇠고기협상의 정부 협상과정을 어떻게 비판하였는지 살펴보자. 송일준 PD와 김보슬 PD가 우리 정부 협상단의 문제점을 지적하기 전에 한미 쇠고기협상의 결과로 지금까지는 들여올 수 없었던 편도와 회장원위부를 제외한 5가지 특정위험물질을 들여올 수 있게 되었다고 설명하였다.

이어서 "뇌에는 가장 광우병 위험물질이 많이 들어 있고요. 그다음에 척수에 많이 들어 있습니다. 그런데 이런 부위가 30개월 이하라는 이유로 우리나라에 들어오는데…"라는 수의사연대 박상표 국장의 인터뷰가 나온다. 마치 광우병 원인물질이 가득 찬 뇌와 척수가 우리네 식당에 쫙 깔리게 될 것처럼 말이다.

앞에서도 몇 차례 지적했지만, 소의 척수는 식당에서도 단골에게만 특별하게 제공하는 서비스이다. 특히 신선한 상태에서 먹어야 제맛을 즐길 수 있다 해서 입맛이 까다로운 미식가들이 일부러 찾기도 한다. 당연히 막 잡은 국산 한우에서 나온 것이라 강조하며 내놓는 판이다. 사정이 이런데 냉동상태로는 어림도 없고 냉장상태로 수입했다 하더라도 미국소의 척수가 한우소의 척수와 맛을 비교할 수 있겠는가? 시청자의 감성을 자극하기 위한 계산이 의심되는 대목이다.

김보슬 PD가 미국의 도축시스템에 대하여 과연 우리 정부가 그 실태를 본 적이 있는지, 보려는 노력이나 했는지 그것도 의문이라고 운을 떼면서 가축방역협의회가 제대로 운영되지 않았다는 점을 이춘근 PD와 남호경 전국한우협회 회장의 문답으로 짚고 박홍수 전 농림부장관이 '졸속협상이었다' 고 마무리하였다.

정부 협상과정을 마무리하면서 송일준·김보슬 PD는 "국민들의 생명이 걸려 있는 문제인데 우리 정부가 너무 안이한 자세로 협상에 임하지 않았나 하는 느낌, 협상 결과를 보면 과연 국민들의 안전을 지키기 위하여 어떤 노력을 했을까 의문이 들지 않을 수 없다, 정부

가 미국의 실정을 잘 몰랐거나 아니면 알면서도 그 위험성을 오히려 은폐하고 축소하려 한 게 아닌가 하는 인상, 사실 협상팀이 이러한 상황을 잘 알고 있는지가 의문, 이런 상황인데 따지고 또 따지고 신중에 신중을 기해도 모자랄 판인데 어떻게 해서 이번에 미국 쇠고기 수입에 이런 협상 결과가 나왔는지, **과거 친일 매국노들처럼 오늘 혹 우리 자신은 특히 국정을 책임지고 있는 사람들은 역사에 부끄러운 짓을 하고 있지는 않은지 한번 생각해봐야 할 것**" 이라고 하였다.

이러한 방송내용에 대한 일반 시청자들의 반응은 "정부가 미국산 쇠고기 수입을 허용하는 것은 미국 도축시스템의 실태를 보지 않아 그 위험성을 모르거나 그 위험성을 알고 있다 하더라도 일부러 은폐하거나 축소" 한 것으로 인식하는 것으로 나타났다.

여기서 미국산 쇠고기가 우리네 식탁에 오르내린 사연을 정리해 보자. 우리네 식탁에서 쇠고기는 아주 귀한 식품이어서 명절 때와 집안 어른의 생신날에나 먹을 수 있었다. 그것도 국을 끓여 먹을 수 있는 집도 그리 많지 않았다. 소가 그만큼 귀했기 때문이다. 우리나라가 산업화되면서 수출입이 활발해진 1970년대에 이르러서 외국의 값싼 쇠고기를 수입하기에 이르렀다. 1976년 육류수출동향을 보면 주로 일본에 수출하던 한우쇠고기는 17만 달러였는데, 대부분 오스트레일리아에서 수입되던 쇠고기는 65만 달러에 달하였다. 이와 같은 쇠고기 수출입동향은 국내 축산농가의 반발을 불러왔지만, 소비자로서는 값싸고 질 좋은 쇠고기를 더 먹을 수 있어 국민영양에 도움이 되는 측면도 무시할 수 없었다.

1980년대 국민소득이 향상되면서 쇠고기 소비가 빠르게 늘기 시작하여 2000년에는 연간 40만 톤이 소비되었다. 쇠고기 자급률은 1990년 52.5%에서 늘기 시작하여 1998년에 75.4%로 정점에 이른 다음 계속 떨어져 2003년에는 36.0%에 이르렀다. 이는 한우사육에 필요한 사료 대부분을 수입에 의존하는 국내 축산업계의 구조적 문제가 걸림돌이 되어 한우가 수입쇠고기와의 가격경쟁에서 밀린 탓이다. 따라서 쇠고기 수입동향을 국내 축산농가를 고려하여 조절하였기 때문에 미국이나 오스트레일리아 등 쇠고기 수출국가들과 통상마찰을 빚곤 했다.

1970년대 우리나라에서 수입하는 쇠고기의 주요 공급국가는 오스트레일리아, 미국, 뉴질랜드지만 대부분 오스트레일리아산이었다. 하지만 1980년대부터 미국산 쇠고기 비중이 늘기 시작하여 1990년 중반에는 미국산 쇠고기 수입비중이 오스트레일리아산을 넘어 가파르게 증가하였다. 2003년 미국에서 수입한 쇠고기는 약 20만 톤(이 해 우리나라 전체 쇠고기 수입물량은 29만 톤으로 미국산이 차지하는 비중은 68%)으로 8억 5,000만 달러에 달하였고, 한국은 37만 톤을 수입한 일본, 33만 톤을 수입한 멕시코에 이어 미국의 3대 쇠고기 수출국으로 부상하게 되었다.

우리나라 시장을 주도하던 미국산 쇠고기는 2003년 12월 24일 워싱턴주에서 광우병에 걸린 6년 6개월짜리 홀스타인 젖소가 발견되면서 파국을 맞게 된다. 이 소는 정형광우병으로 판명되었고 캐나다에서 송아지로 수입된 것으로 최종 확인되었는데, 우리 정부는 미국산 쇠고기 검역을 즉각 중단한 데 이어 수입금지조처를 취하였다. 일본, 멕시코, 홍콩, 중국, 타이완, 베트남, 싱가포르 등 미국산 쇠고기 주요 수입국가 역시 수입금지조처를 취하였다.

미국의 북서부 몬태나주와 네브라스카주에서 중부의 위스콘신주에 이르기까지 소를 사육하는 광범위한 목축지대의 생존 문제였기 때문에 미국 정부는 즉각 광우병 발생을 감시하고 차단하는 각종 대책을 마련한 다음, 주요 쇠고기 수입국가들에 수입재개를 요구하였다. 2004년에는 멕시코와 베트남이 뼈 없는 살코기 수입을 재개하였다. 이런 미국 정부의 노력은 2004년 11월 텍사스주와 2006년 2월 앨라배마주에서 광우병 감염소가 발견되어 물거품이 되는 것처럼 보였다. 하지만 광우병 소 두 마리가 각각 12살과 10살로 사료금지조처 이전에 출생하였고, 정밀조사 결과 비정형광우병으로 밝혀져 유럽을 중심으로 확산되던 육골분 오염사료에 의한 광우병과 관련이 없다는 결론에 이르렀다. 한편 미국으로부터 뼈 없는 쇠고기를 수입하던 베트남과 멕시코는 2006년부터 뼈 있는 쇠고기도 수입하게 되었다.

2003년 수입이 중단된 미국산 쇠고기 수입재개가 논의된 것은 노무현 정부가 의욕적으로 추진한 한미 FTA의 필요성이 제기된 2004년부터다. 이 해 11월 열린 한미통상실무회의에서 미국 측이 쇠고기 수입재개를 요구해온 것이다. 미국은 한미 FTA의 '4대 선결조건'으로 스크린쿼터 축소, 건강보험 약가 현행 유지, 자동차 배기가스 규제완화 그리고 쇠고기 시장개방을 내걸었다. 미국으로서는 쇠고기 수출재개가 중요한 이슈였던 것이다.

미국산 쇠고기 수입재개와 관련하여 2005년 2월과 4월 두 차례에 걸쳐 한미 광우병전문가협의회가 열렸고, 6월에는 국내 전문가들이 미국 현지를 방문하여 농장과 사료공장 등을 조사하였다. 이와 같은 사전준비작업이 진행된 끝에 2005년 7월 열린 한미정상회담에서 노무현 대통령은 미국산 쇠고기 수입재개 점검절차를 신속하게 진행하겠다고 약속하였다. 결국 2005년 12월 14일 열린 가축방역협의회에서 미국산 쇠고기의 안전성에 문제가 없다는 결론에 이르렀지만, 한우협회 등 생산자단체의 반발로 수입재개 여부에 결론을 내리지 못했다. 결국 30개월 미만의 뼈 없는 쇠고기로 제한을 두어 미국산 쇠고기 수입을 재개하기로 합의한 것은 2006년 1월이며, 한미 FTA협상은 2006년 6월 5일 시작될 수 있었다. 2006년 2월 앨라배마에서 비정형광우병이 발견되었는데도 2006년 10월 30일 미국으로부터 뼈 없는 30개월 미만의 쇠고기를 우리나라에 다시 들여오게 되었다.

하지만 우리 검역당국은 X-선 투시기를 동원한 검역과정에서 작은 뼛조각이 나왔다는 이유로 전량 반송조처하였으며, 이어 11월 23일 수입된 물량에서도 손톱크기의 뼛조각 3개가 나왔다는 이유로 전량 반송조치하였다. 반면 까다롭기로 유명한 일본 정부가 "미국산 쇠고기 검역체계는 기본적으로 미국과 일본 양국 정부가 안전성이 담보되는 시스템을 만들었다는 데 동의"함으로써 서류검사에 기반을 둔 검역체계로 수입물량의 4%에 대한 관능검사를 기본으로 하는 엄격한 한국 정부의 검역체계는 미국 정부의 반발을 부르게 되었다.

정권이 바뀐다고 정부 실무자까지 바뀌는 것은 아니다. 노무현 정부에서부터 미국산 쇠고기의 안전성을 확인하는 노력은 이어져왔으며, 협상은 그동안 쌓아온 자료와 양국의 상황에 따라서 이루어진 것이다. 노무현 정부 시절 실무자들이 미국의 도축장 실태를 파악하였고, 미국산 쇠고기 수출입에 관한 국제적 동향을 실시간 파악하여 자료로 쌓아두고 있었다. 2008년 협상은 이미 노무현 정부 시절 완결되어 최종 승인을 남겨두었던 것을 마무리한 것이었다는 사실을 당시 여당이었던 민주당이나 언론 모두 잘 알고 있었을 것이다. 그런데도 처지가 바뀌었다고 말까지 바꾸는 것은 지나친 처사 아닌가?

미국산 쇠고기에 대한 의혹

PD수첩 광우병 편이 한미 쇠고기협상 결과에서 드러난 우리 정부의 협상과정에 문제가 있다는 점을 다루지 않을 수 없었던 이유를 재판과정에서 설명하였다. 하지만 미국에서 발생한 광우병 소 사례에 대한 구체적인 내용이나 미국 정부의 광우병 예방대책은 설명하지 않았다. 실제로 미국 정부에서도 하버드 위해성평가를 통하여 전형적인 광우병 소가 발생할 가능성이 0% 수준은 아닐지라도 거의 무시해도 좋을 정도로 통제할 수 있는 수준에서 정책을 실시해왔음을 인정하였다.

그런데도 PD수첩 측에서는 미국산 쇠고기가 광우병 위험이 없다고 할 수 없기 때문에 '사전예방의 원칙'을 적용해 수입을 막아야 한다고 주장한 것이다. PD수첩 변호인 측의 주장에 따르면 "(보건과 환경 관련) 해당 분야의 어떤 사안이 **만에 하나라도 위험한 상황을 낳을 가능성**이 있고, 그러한 상황이 돌이킬 수 없는 비가역적인 것이라면 **그 위험이 현실화될 가능성이 매우 불확실하다 하더라도** 공중의 안녕과 행복을 위해 그 위험을 미연에 막는 것이 법과 행정이 취할 바"라는 것이다. 앞서도 사전예방의 원칙에 대하여 설명했지만, "해당 분야의 어떤 사안"이라는 위해 본질의 불확실성은 반드시 감성적인 것이 아니라 과학적인 것이어야 한다.

영국 정부가 광우병 파동을 극복하기 위하여 다각적인 조사와 과학적 근거를 바탕으로 광우병 확산을 통제하기 위해 내놓은 정책들이 효과적으로 작동해 궁극적으로는 유럽사회에서 광우병이 소멸상태에 이르고 있는 점을 본다면, 일찍이 광우병 유입과 확산을 차단하는 정책을 도입하고 있는 미국에서 광우병이 발생, 확산될 가능성은 거의 희박하다. 따라서 사전예방의 원칙을 적용할 사안이라고 보기 어려울 수 있다.

광우병 위험 통제와 관련하여 미국 도축체계에 문제가 있다는 증거로 휴메인 소사이어티의 다우너 동영상을 인용하게 되었다고 주장하였다. 도축장에서 다우너 소도 도축할 수 있도록 예외적으로 허용하는 규정이 있고, 실제로 다우너 소에 대한 검사가 제대로 실시되지 않는 것이 현실이라는 주장이다. 하지만 도축소에 대한 학대를 고발하는 동영상이었다는 점을 밝히지 않아 시청자가 미국 내 도축장에서 광우병 소가 도축될 수도 있다고 오해하게 하려는 의도는 없었는가 하는 문제도 제기된다.

미국 내 도축장의 광우병 검사비율에 문제가 있다는 지적도 있다. 미국에서는 전체 도축소의 0.1%에 대하여 광우병 검사를 하는데, 이는 도축소 전체에 광우병 검사를 실시하는 일본이나 광우병 검사 비율이 3%에 이르는 캐나다에 비하여 턱없이 부족하다고 주장하였다. 물론 전수조사를 하는 일본과 비교할 수는 없는 노릇이나 광우병이 확산되고 있는 비상사태가 아닌 이상 정상인 소가 광우병 양성으로 나올 확률은 거의 없다. 따라서 광우병 감시를 효율적으로 하기 위하여 고위험군에서 광우병 검사를 집중적으로 실시하는 미국의 정책은 타당한 것이라 하겠다. 고위험군 소에서 광우병 검사를 집중적으로 한다는 설명은 누락하고 단순하게 검사비율만 인용한 것은 정보의 신뢰성을 의심케 하는 대목이 아닐 수 없다.

미국 정부의 사료금지조치가 효율적이지 못하다는 주장도 내세웠다. PD수첩 광우병 편 방송 당시 미국은 1997년 사료금지조치, 즉 반추동물에게 반추동물 유래 사료를 금지하는 제한적 사료금지조치만 실시하고 있었다는 것이다. 이런 상황에서는 비반추동물에는 반추동물의 SRM 등을 원료로 해서 만든 사료를 먹일 수 있기 때문에 반추동물의 광우병 위험물질이 비반추동물로 건너간 다음 비반추동물이 반추동물의 사료에 투입되어 반추동물로 건너갈 수 있는

'교차오염의 위험'이 존재한다고 설명하였다. 실제로 사료금지조치를 취한 일본과 캐나다의 경우 사료금지조치 이후에 출생한 소들에서 광우병이 발생되었고 영국 등 유럽에서 실패한 조치로 확인되었다는 주장이다.

반추동물의 광우병 위험물질이 비반추동물의 뇌에서 프리온질환을 일으킬 확률 등에 관한 구체적 자료가 충분하지 않아 반추동물→비반추동물→반추동물로 프리온질환이 순환될 구체적 확률이 얼마나 되는지 분명치 않다. 또한 영국 등지에서 사료금지조치 이후 출생한 소들에서 광우병이 발생한 것이 교차오염을 효율적으로 차단하는 정책으로써 실패했다고 단언한 것도 적절한 설명이라 보기 어렵다. 영국 정부의 광우병백서를 보면, 사료금지조치 이후 출생한 소에서도 광우병이 발생한 것은 사료금지조치가 내려진 이후에도 축산농가에서 이미 구입했던 동물성 사료를 소에게 먹였고, 소와 비반추동물을 같이 키우는 농장에서는 사료저장 과정에서 분리되지 않아 오염되었을 가능성이 유력한 것으로 보았다.

미국에서는 아직 소이력제가 정착되지 않아 도축소의 연령이 공식적인 기록으로 확인되지 않는 경우가 많다. 따라서 앞서 소개한 치아감별법을 통해 소의 나이, 특히 뇌에서 광우병 위험물질이 나타나기 시작하는 시기인 30개월령을 결정한 것이었다. 미국산 쇠고기의 광우병 위험을 주장하는 측에서는 치아감별법이 오차 때문에 부정확한 방법이라고 미국의 수의학 교과서에 나온다는 것이다. 하지만 치아감별에 관한 연구 결과를 담은 논문들에서는 훈련된 요원이 치아감별로 나이를 추정하는 방법은 광우병 통제를 위한 신뢰할 만한 방법이라고 하였다.[47]

이뿐만 아니라 뇌와 척수를 SRM으로 분류하는 기준이 되는 30개월은 통상 송아지의 사료에 포함된 광우병 위험물질이 장에서 흡수되어 신경을 따라 뇌와 척수에 도달하는 기간을 충분히 고려해 정한 것이다. 물론 드물게는 30개월 미만에 광우병 증상을 나타낸 소도 있었으나, 이들 소에서 얻은 뇌조직에 들어 있을 광우병 위험물질이 다른 소에 광우병을 전달한다는 증거가 분명하지 않은 사례들이 있다.

치아감별과 관련한 우희종 교수의 증언은 많은 것을 생각하게 한다. "30개월 미만 여부를 구분하는 데 치아감별법이 신뢰할 만한가" 하는 질문에 대하여 "우시장 등 일반인이 사용하기에는 충분히 사용할 수 있는 방법입니다. 소의 품종이나 사육환경에 따라서 치아는 달라질 수 있고, 치아감별법이라는 것은 교과서에도 나와 있지만 약 6개월의 오차가 있습니다. 6개월의 오차가 어느 맥락에서 볼 때 괜찮고 문제가 되느냐는 것입니다. 예전에 30개월 미만의 살코기를 수입할 때 30개월을 결정하는 치아감별법을 반대하지 않았습니다.

그만한 오차가 있어도 살코기에서는 큰 문제가 아닌데, 우리나라가 맺은 수입조건을 보면 치아감별법으로 SRM을 수입하느냐 마느냐가 결정되는 상황입니다"라고 답변하였다. 미국 도축장에서 소의 치아를 감별하는 것은 일반인이 아니라 제대로 훈련받은 감별요원이라는 점을 잊은 모양이다.

한편 우희종 교수는 광우병에 걸린 소의 경우 SRM만 제거하면 안전하냐는 질문에 "굉장히 수사적인 표현으로 일반인을 혼란스럽게 하고 있습니다. SRM 기준이라는 것은 질병 예방을 위해서 건강한 소에 적용하는 개념이고 병에 걸린 소는 무조건 전체를 SRM으로 봐서 폐기처분하게 되어 있습니다. 그래서 병든 소에서 SRM 유무를 논하는 것은 굉장히 이상한 논리"라고 답하였다. 치아감별법에 관한 답변에서 30개월 미만 살코기를 수입하는 데는 문제될 것이 없다고 판단했다고 한 견해와 다른 답변이다. 즉 치아감별이 잘못되어 30개월 미만 소가 도축된다 하더라도 그 고기는 광우병 위험이 없다고 판단했는데, 이 당시에는 광우병에 걸린 소의 고기는 무조건 SRM으로 봐야 한다는 주장이다. 그야말로 듣는 이의 감성에 호소하는, 과학자로서 피해야 할 수사적 표현이라 하겠다.

한편으로는 미국이 국제수역사무국으로부터 인정받은 광우병위험통제국 지위의 의미에도 의혹을 표하였다. 2005년까지 청정국가/

잠정청정국가/최소위험국가/중등도위험국가/고위험국가 5개 등급으로 분류되던 광우병 위험과 관련한 국제수역사무국의 국가등급은 고위험군에 대한 광우병 검사비중을 높이는 방식으로 변경되면서 광우병 위험이 무시할 만한 국가/위험이 통제되고 있는 국가/위험도를 측정할 수 없는 국가 3개 등급으로 바뀌었다. 2007년 5월 25일 열린 국제수역사무국 제75차 정기총회에서 11개 국가의 광우병 위험 등급을 심의하여 오스트레일리아, 뉴질랜드, 아르헨티나, 싱가포르, 우루과이 5개국을 '광우병 위험이 거의 없는' 1등급(Negligible risk)으로, 미국, 캐나다, 칠레, 브라질, 스위스, 타이완 6개국을 '위험이 통제되고 있는' 2등급(Controlled risk)으로 분류한 바 있다. '위험도를 측정할 수 없는' 3등급(Undetermined risk)으로 분류되던 우리나라는 2010년 5월 25일 국제수역사무국 제78차 정기총회에서 파나마와 함께 광우병위험통제국 지위를 인정받았다.

광우병위험통제국 지위를 인정받으려면 사료금지조치의 시행기간이 8년 이상이어야 하며 7년 동안 광우병 예찰점수가 30만 점 이상 되어야 한다. 즉 광우병 발생 여부보다는 광우병 발생위험을 줄이기 위해 얼마나 철저하게 관리하고 있느냐에 초점이 맞춰져 있다. 그런데도 PD수첩 측에서는 광우병위험통제국의 지위를 인정받은 미국에서 광우병이 제대로 통제되고 있다고 볼 수 없다고 주장했다. 심지어 우희종 교수는 "광우병위험통제국이란 쉽게 말해서 '광우병 발생국'이라는 의미"라고 해석하였다. 졸지에 우리나라를 비롯하여 타이완, 칠레, 브라질 등 아직까지 공식적으로 광우병이 발생하지 않은 나라들도 광우병 발생국으로 내몰리게 되었다.

프로그램 제작과정에 대한 '알권리'

PD수첩 광우병 편은 미국 의회가 한미 FTA 협상비준을 촉구하기 위한 카드로 활용하려고 했기 때문에 한미 쇠고기협상이 졸속 추진되었다는 점을 지적하였다고 주장하였다. 특히 이명박 대통령의 방미가 한미 FTA 비준의 계기가 되기를 희망하여 급작스럽게 협상을 타결하는 쪽으로 방침이 선회되었다고 의심하였다. "이번 방미를 미 의회의 한미 FTA 조기 인준을 촉진하는 계기로 활용하되, 미국이 방미 전 쇠고기 문제 선결을 요구하는 만큼 OIE 기준에 따라 미국산 쇠고기 수입을 허용"하는 방향으로 간다는 2008년 4월 7일 외교통상부 문서를 인용했다.

당시 우리 농정을 책임지고 있던 정운천 농림수산식품부장관은 협상에 대한 우리 정부의 기본입장은 2008년 4월 1일 대통령주재로 열린 관계장관 대책회의에서 최종 확인되었다고 자신의 책 《박비

향》에서 밝혔다. “큰 틀과 협상 방향은 이미 정해져 있었다. 미국의 조치에 따라 단계별로 OIE 기준을 수용하겠다는 것이 우리 정부의 일관된 입장이었다. 1단계로 30개월 미만 쇠고기에 한해 OIE 기준을 수용하고, 2단계로 미국이 강화된 사료금지조치를 취하면 30개월 이상의 뼈 있는 쇠고기까지 수입한다는 것이었다.”

PD수첩 광우병 편이나 2008년 촛불시위를 주도하던 측에서는 새로 들어선 이명박 정부의 한미 쇠고기협상 과정은 검역주권을 포기하는 등 굴욕적인 조건으로 끝났다고 주장했다. 하지만 이명박 정부가 새로 들어서 장관만 새로 임명된 상태에서 정부부처 실무자들은 대부분 하던 일을 계속 맡았다. 이는 정운천 장관의 책《박비향》에서 확인할 수 있다. “나는 2007년부터 협상을 진행한 민동석 차관보를 수석대표로 임명하고, 이전부터 협상을 진행해온 직원도 유임했다. 협상의 연속성과 전문성을 고려한 결정이었다. 그리고 쇠고기협상의 가이드라인을 정하고 전권을 부여했다.”

한편 참여정부 시절부터 한미 FTA 협상의 농업부문을 맡아온 민동석 차관보 역시 당시 협상이 진행된 과정을《대한민국에서 공직자로 산다는 것》에 상세하게 담았다. 참여정부 시절 미국산 쇠고기 수입협상을 진행하면서 쇠고기 수입위생조건 등과 관련한 국제수역사무국 등의 조사자료에 허술한 점은 없는지 관련 부서에 확인하여 꼼꼼하게 챙겼다고 했다. 미국 정부에도 질문을 보내고 답변서가 오면 검토하고, 필요하면 미국 현지에 전문가를 보내 조사하게 했다는 것이다. 그 결과 미국산 쇠고기로 우리 국민이 광우병에 걸릴 위험은 무시할 만한 수준이라는 평가를 내릴 수 있었다는 것이다.

실제로 한미 쇠고기협상은 이명박 정부에 들어와 새롭게 시작한 것이 아니라 2005년부터 양측의 전문가회의가 시작된 바 있었다. 또한 한미 FTA 협상에 대비하여 미국산 쇠고기의 광우병 위험성 평가 등 수입 위험분석에 착수하였다. 2007년 5월에는 '광우병 예찰시스템, SRM(특정위험물질) 관리 등'에 관한 질문을 담은 가축위생설문서를 미국 측에 보냈고, 6월에 답변서를 받아 검토 분석하였다. 7월 초를 전후하여 우리 측 전문가들이 미국 현지의 소사육농장, 도축장, 가공장, 사료공장 등을 직접 방문하여 미국 도축시스템에 대한 조사를 실시하였고, 7월부터 10월에 걸쳐 각각 세 차례 전문가회의 및 가축방역협의회를 열어 미국의 도축시스템을 점검하였다.

그런데도 PD수첩 광우병 편에서는 새 정부에서 쇠고기협상의 실무를 맡은 사람들이 참여정부에서 해온 일은 전혀 무시한 채 협상에 임했다는 식으로 정리한 것이다. 프로그램을 제작하면서 관련 사항들을 충분히 취재하여 오류가 발생하지 않도록 각별히 주의해야 하겠으나, 때로는 제작여건상 취재가 불충분한 경우도 없지 않은 방송계의 어려움을 이해하지 못하는 것은 아니다.

하지만 PD수첩 제작진은 취재과정에서 권준욱 질병관리본부 질병관리과장뿐 아니라 시민단체 쪽의 송기호 변호사나 남호경 전국한우협회 회장 등의 인터뷰를 통하여 정부가 협상 체결 전에 미국산 쇠고기의 광우병 위험성을 평가하기 위하여 미국 현지를 방문하여 미국 도축시스템을 점검하였고, 가축방역협의회 등을 개최하여 의견을 수렴한 사실을 확인하였음에도 협상대표들이 사전에 이러한 위험성을 몰랐거나 고의로 은폐·축소한 채 협상하여 쇠고기를 수입하기로 결정하였다고 비난하였으니, 취재미비로 인한 실수로 보기보다는 제작진이 의도적으로 정부 결정이 잘못되었다고 왜곡한 것이라는 점이 검찰 측 입장이다.

PD수첩은 새롭게 발생한 다우너 소 동영상 및 리콜 사태나 아레사 빈슨이 인간광우병으로 사망했다는 의심을 받고 있는 상황은 미국산 쇠고기의 안전성에 대한 의구심을 불러일으키기에 충분하지 않았느냐고 강조하였다. 하지만 방송에서 인용한 다우너 소 동영상은 미국의 소비자단체가 도축장에서 벌어지는 도축소 학대행위를 고발하기 위한 목적으로 제작되었으며 광우병과는 전혀 무관한 자료였음이 밝혀졌다. 이 동영상을 근거로 광우병에 걸렸을 수도 있는 소가 도축되어 우리나라로 수입될 수 있다는 식으로 방송한 것은 시청자들에게 왜곡된 정보를 제공한 것이라 할 수도 있다.

아레사 빈슨이 인간광우병으로 사망했다는 의심을 받고 있다는 보도내용에 관하여, 부검 후 확정진단이 나오지는 않았지만 미국을 떠난 적이 없는 젊은 여성이 인간광우병에 걸렸다고 한다면 이는 국민건강에 심대한 위협이 될 것인데, 확정진단이 나올 때까지 협상을 미루는 것이 국민이 이해할 수 있는 정부 모습일 것이라는 PD수첩 변호인단의 주장은 충분히 타당하다고 볼 수도 있다.

PD수첩 명예훼손 사건의 1심법정에서 PD수첩 측 변호인은 협상단에 참여했던 농림수산식품부 공무원에게 "만일 아레사 빈슨이 인간광우병으로 최종 진단이 내려질 경우 이는 미국 본토에서 인간광우병이 발생한 최초 사례로 협상에 영향을 미칠 만한 중대한 문제"이지 않은가 하는 질문으로 '그렇다'는 답변을 이끌어냈다. 이 공무원은 '나중에 인간광우병으로 확진되면 그때 문제를 제기하여 변경할 수 있을 것으로 보고 협상을 타결하게 된 것으로 생각'한다고 하였다.

아레사 빈슨의 죽음에 관하여 미국 현지의 제반 반응은 인간광우병의 가능성을 전혀 배제할 수 없다는 정도였다는 점은 앞서 정리한 바 있다. 또 PD수첩 제작진은 취재한 사실의 진위 여부를 확인하는 절차를 소홀히 하다가 방송 당일 성균관 의대 정해관 교수와 전화통화를 통하여 위 절제수술을 받고 3개월 내 사망한 아레사 빈슨의 사인이 인간광우병으로 보기 어려울 것이라는 답변을 들은 바 있다. 그런데도 방송내용을 수정하지 않은 점, 제작진 회의를 통하여 CJD를 vCJD로 고치기로 결정한 사실이 있는 점을 고려하였을 때, 검찰은 제작진이 의도적으로 미국산 쇠고기의 광우병 위험을 부풀리는 방향으로 프로그램을 제작했다고 판단한 것이다.

PD수첩 광우병 편 제작진은 당시 PD수첩 광우병 편 사건을 다룬 담당 검사들, 중앙일보와 기자들을 상대로 명예훼손 소송을 제기하였다. 그 이유는 검사가 거짓을 흘리면 이걸 그대로 받아쓰면서 사실이라고 전하는 관행을 검찰의 언론플레이로 보고 이를 근절하기 위한 목적이라고 하였다. 특히 검찰수사 과정에서 입수한 제작진의 이메일 내용을 공개하여 PD수첩 광우병 편을 기획, 제작하는 과정에서 제작진의 사전의도가 있었을 것이라는 점을 시사한 것으로 검찰이 의도적으로 PD수첩에 대한 인상을 왜곡하려는 처사였다는 주장일 것이다.

PD수첩을 비롯하여 미국산 쇠고기의 수입을 반대하는 사람들은 2008년 정부가 한미 쇠고기협상을 타결하면서 협상 결과를 투명하게 공개하지 않았다는 점을 지적한 바 있다. 먹거리의 안전성과 관련된 정보는 위험평가와 관리의 주체인 정부가 국민의 신뢰를 얻을 수 있도록 국민에게 관련 정보를 신속하게 공개해야 한다는 것이다. 김보슬 PD가 방송에서는 "어, 우선 협상 결과에 대해서 국민들이 잘 모릅니다. 워낙 어려운 용어가 많고요"라면서 슬쩍 눙친 것처럼 국가 간 협상의 내막을 들여다보면 매우 전문적인 내용으로 되어 있어 일반 국민이 이해하기 쉽지 않은 경우가 많다. 물론 정부에서는 이런 내용을 국민이 이해하기 쉽게 설명해야 한다는 것이 추세인 점을 본다면 2008년 정부에서 협상내용을 국민이 납득할 수 있도록 설명하지 못하였다는 지적에 필자 역시 동의한다.

마찬가지로 PD수첩 제작진이 프로그램을 제작하는 과정에서 언론이 지켜야 할 정도에서 벗어나 시청자들에게 왜곡된 정보를 전달한 의혹을 받는다면, 이에 관한 정보를 국민에게 제공하여 상황을 제대로 판단하도록 해야 한다는 일반론에도 동의한다. 검찰이나 경찰이 사건을 수사하는 과정에서 국민의 협조나 판단을 구하기 위하여 수사진행 상황을 브리핑하는 것이 일반적 관례이고 이런 과정을 통하여 어려운 사건이 해결된 경우가 적지 않다는 것도 잘 알고 있기 때문이다.

허위사실과 명예훼손에 대한 각 재판부의 판단

PD수첩 광우병 편에서는 정부협상단이 미국산 쇠고기의 안전성에 관한 실태를 제대로 파악하였는지 의문이라는 취지의 메시지를 여러 번 다루었다. 예를 들면, "협상 개시 바로 이틀 전 사망한 아레사 빈슨의 경우는 협상에 어떤 영향을 미쳤을까?" 라는 내레이션에 이어, 민동석 차관보가 "그 하나의 사건만 가지고 단순하게 이 사람이 인간광우병으로 사망했다고 해서 그것도 확실하지는 않지만 이것이 미국의 구조적인 문제를 야기했다고 이렇게 단정짓기는 어렵고" 라는 인터뷰를 연결하였다. 연간 미국에서 도축되는 4,000만 마리의 소 가운데 0.05%만 광우병 검사를 받는다는 내용, 농무부 조사관이 도축장에서 하는 광우병 검사가 형식적으로 이루어지고 있다고 한 점도 인용하였다.

"쭉 보면 말이죠. 그간 광우병 위험성이 너무 과장돼 있다고 할 게 아니라 정부가 미국의 실정을 몰랐거나 아니면 알면서도 그 위험성을 오히려 은폐하고 축소하려 한 게 아닌가 하는 인상을 받는데요" 라는 송일준 PD의 이야기에, 김보슬 PD가 "사실 협상팀이 이런 상황을 잘 알고 있는지가 의문입니다. 미국의 도축시스템에 대해서 과연 우리 정부가 그 실태를 본 적이 있는지, 보려는 노력을 했는지 그것도 의문입니다" 라고 이어갔다. 그리고 남호경 한우협회회장과 박홍수 전 농림부장관 등의 인터뷰를 통하여 사전준비를 제대로 하지 않은 '졸속협상' 으로 규정짓기에 이르렀다.

이 부분에 대한 검찰의 공소사실을 요약하면 다음과 같다. "우리 정부가 미국으로부터 미국산 쇠고기 수입위생조건 개정을 요구받고 독자적인 수입위험분석을 착수하여 미국의 도축시스템에 대한 조사를 실시하였다. 또한 전문가회의나 가축방역협의회를 개최하여 미국의 소 도축시스템 점검, 미국산 쇠고기 수입허용 범위에 대한 의견 수렴 및 협상 대비 우리 측 대응방안을 마련하는 등 사전준비를 마치고 이 사건 쇠고기협상을 체결하게 된 것이다. 따라서 협상 체결 전 미국의 소 도축시스템에 대한 실태를 파악·점검하였고, 미국산 쇠고기의 광우병 위험성 자체가 허위이므로 피해자들은 이러한 위험성을 은폐하거나 축소할 여지가 없었다. 그런데도 피고인들이 이 사건 방송에서 '피해자들이 미국의 소 도축시스템에 대한 실태를 보지 않아 미국산 쇠고기의 광우병 위험성을 몰랐거나, 그 위험성을 알면서도 은폐하거나 축소한 채 미국산 쇠고기를 수입하기로 협상을 체결하였다' 고 보도한 것은 허위이다."

1심재판부는 2007년 5월 국제수역사무국으로부터 광우병위험통제국 지위를 부여받은 미국이 쇠고기 수입위생조건 개정을 요구한 이래 우리 정부가 취한 다각적 사전준비과정을 인정하였다. 또 다우너 소 도축금지, 사료금지조치, 광우병 특정위험물질 제거 위반 사례, 소의 나이 판정에서 치아감별법의 오류가능성 등 미국의 광우병위험통제 정책의 평가에는, 미국 도축장이 대체로 광우병 위험을 효과적으로 통제할 수 없다는 비판을 받고 있다는 내용의 변호인단 제출자료를 인정하였다.

그리하여 "위 인정사실에 의하면, 우리 정부는 미국으로부터 쇠고기 수입위생조건 개정을 요구받고 현지 실태조사를 하여 소 도축시스템 등을 파악, 점검하고 전문가회의, 가축방역협의회 등 관련 당사자들의 의견을 구하는 등 이 사건 쇠고기 수입협상 체결 전에 독자적인 수입위험분석 절차를 거치기는 하였으나, 그러한 절차를 거친 뒤 미국 도축시스템의 제도적 문제점을 엿볼 수 있는 다우너 동영상이 공개되고 그에 이어 미국 사상 최대 규모의 리콜 사태가 있었고, 교차오염의 문제가 있는 사료금지조치, 잦은 SRM 규제위반사례, 오류가능성이 있는 치아감별법에 의존한 SRM 여부 판정 등 현재 미국이 실시하고 있는 광우병위험통제 정책만으로는 미국산 쇠고기의 광우병 위험성을 완벽하게 통제하기 어렵다는 국내외 전문가들의 평가를 받고 있는 상황에서 미국 내 첫 감염사례가 될 수 있는 미국 거주 젊은 여성이 인간광우병 의심진단을 받고 사망한 사실이 발생하였다면, 이는 미국산 쇠고기의 안전성에 관하여 의구심을 가질 만한 사정 변경이 있었다고 볼 것인데, 인간광우병 의심진단을 받고 사망한 미국 여성의 최종 사인이 밝혀지지 아니한 상황에서 우리 정부가 미국산 쇠고기를 수입하기로 협상을 체결한 것에 대해, 피고인들이 정부가 광우병으로부터의 미국산 쇠고기의 안전성과 미국의 소 도축시스템 실태를 파악하는 데 소홀히 하였다는 취지로 평가하였다고 하여 허위라고 볼 수 없다"라고 판단하였다.

검찰의 항소로 열린 항소심에서는 협상 이전에 미국산 쇠고기의 광우병 위험을 분석하는 조사절차를 거쳤으나, 2008년 4월에 타결된 협상안은 이전 협상안에 비하여 미국산 쇠고기 수입허용의 범위가 대폭 넓혀졌다는 점을 인정하였다. 그리고 앞서 논의한 것처럼 다우너 소의 동영상과 관련, "이 사건 다우너 소 동영상에 나오는 다우너 소들은 광우병에 걸린 소들이거나 광우병에 걸렸을 가능성이 매우 큰 소들이다"라거나 "아레사 빈슨이라고 하는 미국 여성이 인간광우병으로 사망한 것이 의심의 여지가 별로 없이 거의 확실하다"는 단정에 가까운 보도 등이 사실이 아니라는 점은 인정하였다. 그러나 다우너 소 동영상이 공개된 이후 미국 내 도축장에 대하여 별도로 조사한 사정이 없었다는 점을 비롯하여 프리온 유전자 MM형의 취약성, 사료 교차오염의 위험성, 치아감별법의 한계, 미국 내 도축장의 광우병 관련 규제 위반사례, 미국 내 도축소에 대한 광우병 검사비율 등의 문제점 역시 인정하였다.

이를 바탕으로 2심재판부는 다음과 같이 판단하였다. "이 사건

협상단의 실태 파악 관련 보도에서 피고인들이 '위험성을 은폐하고 축소하려 한 게 아닌가 하는 인상을 받는데요.', '협상팀이 실태를 잘 알고 있는지 의문입니다.', '미국의 도축시스템에 대하여 과연 우리 정부가 그 실태를 본 적이 있는지, 보려는 노력을 했는지 그것도 의문입니다.', '역사에 부끄러운 짓을 하고 있지는 않는지 한번 생각해봐야 할 것 같습니다'라는 완곡한 어법을 사용한 점을 보태어 보면, 이 부분 방송보도의 내용은 '우리 정부의 협상팀이 미국의 소 도축시스템의 문제점이나 미국산 쇠고기의 안전성 여부를 충분히 파악하지 못했거나 알면서도 이에 대해 충분히 대처하지 못하고 이 사건 쇠고기 수입협상을 체결한 것이 아닌가'라는 취지의 비판 내지 의견제시에 해당된다(위 내용 중 이 사건 쇠고기 수입협상을 담당한 피해자들을 친일 매국노에 비유하는 듯한 표현이 있지만 이 또한 이 사건 쇠고기 수입협상이 그만큼 잘못되었다는 취지의 의견을 강한 어조로 표현한 것일 뿐 허위사실을 적시한 것으로 볼 수는 없다).

이러한 비판 내지 의견 제시는 위 인정사실을 각자 관점에 따라 종합적으로 판단하고 그중 한쪽 사실에 더 중점을 두어 얼마든지 개진할 수 있는 것이고, 그 허위 여부를 판단할 성질의 것은 아니다.

의견의 표현이라도 그 전제로 어떤 사실을 직접적으로 표현하거나, 간접적이고 우회적으로 그 사실의 존재를 암시하고 이로써 특정인의 사회적 가치 내지 평가를 침해할 가능성이 있으면 명예훼손이 되지만, 특히 이 사건 새로운 협상안에 관해서는 전문가 회의, 가축 방역협의회 등의 절차가 없었고, 미국의 소 도축시스템에 대한 실사도 이 사건 이전 협상안 당시에 이루어졌을 뿐 광우병에 대한 새로운 우려가 제기되는 상황에서 그에 대응하는 별도 대책이 검토되었다는 자료가 보이지 않는 점이 인정되는 이상, 이 부분 방송보도의 근거 내지 전제로 표현되거나 암시된 사실이 있다 하더라도 그것이 허위라고 단정할 수도 없다. 따라서 이 사건 협상단의 실태 파악 관련 보도를 허위라고 볼 수 없다."

대법원에서는 이 부분에 대하여 "명예훼손죄에 있어서 사실의 적시란 가치판단이나 평가를 내용으로 하는 의견표현에 대치되는 개념으로서 시간과 공간적으로 구체적인 과거 또는 현재의 사실관계에 관한 보고 내지 진술을 의미하는 것이며, 그 표현내용이 증거에 의한 입증이 가능한 것을 말하고, 판단할 보고 내지 진술이 사실인가 또는 의견인가를 구별함에 있어서는 언어의 통상적 의미와 용법, 입증가능성, 문제된 말이 사용된 문맥, 그 표현이 행하여진 사회적 상황 등 전체적 정황을 고려하여 판단하여야 한다"라고 전제하고 판단한 내용을 요약하면 다음과 같다.

"이 부분 방송보도는 그 대상을 미국의 특정 도축장과 같은 구체적인 장소가 아니라 추상적인 '미국 도축시스템의 실태'로 삼고 있을 뿐 아니라 곧이어 '보려는 노력을 했는지 그것도 의문입니다'라는 다의적이고 막연한 표현을 사용하여 우리 정부의 자세를 비판하였을 뿐이다.

따라서 일반의 시청자가 보통의 주의로 보도를 접하는 방법을 전제로 이 부분 방송보도와 관련된 이 사건 방송 부분의 전체적 구성, 사용된 어휘 및 표현방식, 전후문맥 등을 종합적으로 고려하면, 이 부분 방송보도는 우리 정부가 미국 도축시스템의 실태 중 아무것도 본 적이 없다는 구체적 사실을 적시한 것이 아니라, 우리 정부가 이 사건 미국산 쇠고기 수입위생조건 협상에 필요한 만큼 미국 도축시스템의 실태를 제대로 알지 못했다는 피고의 주관적 평가를 내린 것이라고 봄이 상당하다.

원심이 이 부분 방송보도의 내용을 비판 내지 의견제시로 보아 명예훼손죄에서 말하는 사실의 적시에 해당하지 아니한다고 판단한 것은 정당한 것으로 수긍이 가고, 거기에 상고이유에서 주장하는 바와 같이 명예훼손죄에서의 사실적시에 관한 법리를 오해하거나 논리와 경험칙을 위배하여 자유심증주의의 한계를 벗어나 판결에 영향을 미친 위법이 없다."

이상과 같이 PD수첩 광우병 편에서는 정부협상단이 미국산 쇠고기의 안전성에 관한 실태를 제대로 파악하고 있는지 의문이라는 취지의 메시지는 정부 관계자의 명예를 훼손할 정도의 허위라고 볼 수 없다는 것이 법원의 최종판단이었다.

에필로그

PD수첩 광우병 편 방송은 아무 죄가 없을까요?

방송 프로그램을 제작하는 과정에서 제작진은 사실 여부를 적극적으로 확인하고 있다. 정확하지 않은 사실을 전하여 프로그램의 신뢰를 떨어뜨리는 행위는 종국에는 프로그램의 존폐로까지 이어질 수 있기 때문이다.

실제로 일본에서는 소각로와 관련하여 다이옥신이 사회적으로 이슈가 되던 1990년대 말 다이옥신 관련 보도에서 데이터를 잘못 인용하여 TV 프로그램이 폐지된 사건이 있었다.[48] TV아사히의 메인 뉴스프로그램인 〈뉴스 스테이션〉은 1999년 2월 1일 도코로자와 지역의 농작물이 다이옥신에 오염됐다는 내용으로 구성된 16분짜리 특집을 방송했다. 관계당국이 농작물의 다이옥신 검사결과를 내놓지 않자 민간연구소에 검사를 의뢰하였고, 그 결과를 인용하는 과정에서 문제가 있었다. 이뿐만 아니라 보도과정에서 '일본 대기오염은 다른 나라의 10배 정도이고, 도코로자와는 일본 평균의 5~10배 됩니다' 라는 발언이 섞이면서 마치 도코로자와 지역의 시금치가 세계 수준의 100배나 될 정도로 다이옥신에 심각하게 오염되어 있다는 내용으로 시청자들에게 전달된 것이다.

도코로자와 지역의 야채값은 폭락했고 시금치는 4분의 1 가격에도 팔리지 않았다는 것인데, 막상 도코로자와농협이 조사한 야채의 다이옥신 검사수치는 안전한 범위였다는 것이다. TV아사히의 이토 사장이 "데이터의 설명이 불충분해 농민 여러분에게 폐를 끼쳤다"고 사과회견을 했지만, 도코로자와 농민들은 손해배상소송을 제기했다. 2001년의 1심 재판, 2003년의 2심 재판에서는 TV아사히가 승소했다. 다이옥신 문제를 고발하는 공익성이 있는 프로그램이었다는 점이 고려된 판결이었다.

그러나 일본 최고재판소는 2003년 10월 16일 원심을 뒤집고 TV아사히의 패소로 최종 판결했다. "TV는 신문과 달리 시청자가 차례차례 제공되는 정보를 순식간에 이해할 것을 강요당하는 것이어서, 녹화 등 특별한 방법을 강구하지 않는 이상, 제공된 정보의 의미 내용을 충분히 검토하거나 재확인하는 것이 불가능하므로 (…) 영상과 효과음을 포함한 방송 내용 전체로부터 받는 인상을 종합 고려해 명예훼손 여부를 판단해야 한다"는 취지였다. 〈뉴스 스테이션〉은 다이옥신이 고농도로 검출된 엽차잎의 검사결과를 밝히지 않은 채 '주로 시금치'라는 표현으로 시청자의 오해를 부른 것이다. 즉, 위험을 과장하여 센세이션을 일으키려는 의도가 반영된 것이라고 재판부는 본 것이다. TV아사히의 보도국장은 판결에 대하여 "주장이 받아들여지지 않아 유감이다. 판결은 국민의 알권리와 자유를 제약할 가능성을 안고 있다고 생각한다"고 논평했지만, 최고재판소의 판결이 있은 다섯 달 후인 2004년 3월 〈뉴스 스테이션〉은 폐지됐고, 18년간 프로그램을 맡아온 구메이 히로시 앵커도 물러났다.

최근 대법원은 새누리당 심재철 의원이 MBC와 PD수첩 제작진을 상대로 낸 손해배상소송에서 원고패소 확정판결을 내렸다. 4년 2개월에 걸쳐 끌어온 PD수첩 광우병 편에 대하여 제기된 5건, 43억여 원의 손해배상소송과 형사재판은 한겨레신문이 사설에서 전하는 것처럼 'PD수첩 제작진의 완승'으로 끝났다. 한겨레신문은 PD수첩 광우병 편과 관련된 그간의 소송 결과를 두고 "PD수첩 보도의 정당성을 확인하는 동시에 정부와 검찰의 주장이 억지였음을 말해주는 증거"라고 정리하였다.[49]

PD수첩 명예훼손 사건의 증인으로 법정에 출석한 바도 있고, 개인적으로 법정에 나가본 경험도 있지만, 피고인 신분으로 법의 심판을 기다리는 심정은 가보지 않은 사람의 상상만으로는 그려보기 힘들 것이다. 오죽하면 PD수첩 명예훼손 사건의 제작진 중 한 사람은 대법원 판결에서 무죄 확정판결을 받고 그동안의 소회를 생각해 한을 풀어놓자면 제작진끼리 서로 끌어안고 통곡해도 시원치 않고 실명을 거론하며 큰 소리로 비난해주고 싶은 사람이 한두 명이 아니라고 했겠는가.[50] 4년 2개월이란 오랜 기간 쟁송에 시달려온 PD수첩 제작진에게 심심한 위로의 말을 전하고 싶다.

PD수첩 명예훼손 사건이 마무리되는 시점에서 조능희 CP는 트위터에 "드디어 피고(인)의 여정이 모두 끝났습니다. 이젠 3개 소송의 원고가 되었습니다. 이런 날을 고대했습니다. 2년 6개월 전 겨우 형사재판 1심을 끝내고 쓴 글을 다시 보며 감회에 젖습니다. 이제 다시 시작입니다"라는 글을 올려 새로운 전쟁이 시작되었음을 알렸다. "우리는 남은 여정도 그리 간단치 않음을 알고 있기에, 그저 고개 하나 넘어와 한숨 돌린다고 생각하고 있다. 말을 아끼며 앞으로 걸어가야 할 먼 길을 그저 묵묵히 쳐다보고 있는 중이다[51]"라고 적었던 까닭이 여기 있었던 모양이다. "PD수첩을 지지하는 수많은 국민이 있는 한 우리는 남은 여정도 무사히 끝낼 수 있을 것이다"라고 마무리한 걸 보면 마음을 아주 단단하게 먹은 모양이다.

그 마음이 겨냥한 곳이 검찰, 중앙일보와 그 기자로 밝혀졌는데, 검찰의 언론플레이 행태를 바로잡겠다는 취지라는 것이다.[52] 빈손 가족의 소장내용과 관련된 기사[53]가 거슬렸던 모양이다. 마음의 상처가 컸던 만큼 누군가에게 되돌려주기 위한 것이라면 PD수첩 방송 때문에 누군가도 상처받았을 가능성을 생각해볼 필요가 있다. 혹시 내 손톱 밑에 박힌 가시는 아프고 내가 남의 심장에 박은 말뚝으로 받을 고통은 애써 외면하려는 것은 아닌가.

"과거 친일 매국노들처럼 오늘 혹 우리 자신은, 특히 국정을 책임지고 있는 사람들은 역사에 부끄러운 짓을 하고 있지는 않은지, 예, 한 번 생각해봐야 할 것 같습니다"라는 마무리 멘트 하나로 '한반도의 2대 매국노 이완용, 민동석'이라는 제목의 글에 개인정보까지 담겨 삽시간에 인터넷에 퍼지게 되었고, 민동석 차관보의 휴대전화에는 비난의 글이 폭주하였다고 한다.

한창 예민한 나이인 민 차관보의 자녀들은 졸지에 매국노로 몰린 아버지를 안타까워하면서 눈물을 흘렸다고 한다. "우리 아빠가 국민들을 모두 죽이려고 한단 말인가요?"[54] 민 차관보는 행여 자녀들이 마음의 고통을 이기지 못하고 불행한 일을 저지를까 걱정하고, 자녀들 역시 공무원으로서 긍지와 명예를 소중하게 여겨온 민 차관보가 극단적인 선택을 할까 걱정하여 서로를 위로하는 나날을 보냈다고 전한다.

물론 PD수첩 제작진으로서는 방송과 관련된 개인 하나하나에 무은 일이 생길 것인가를 고려할 수는 없는 노릇이라고 하겠지만, 생각 없이 연못에 던지는 돌에 개구리가 맞아죽는다는 우화를 새길 필요가 있지 않을까?

PD수첩 광우병 편의 내용에서 시청자들이 미국산 쇠고기의 광우병 위험의 정도를 판단하는 데 결정적으로 작용할 과학적 사실의 대부분은 잘못된 것이었다고 판단되었다. 주저앉는 소를 광우병 소라고 한 부분이나 아레사 빈슨이 인간광우병 가능성이 크다고 한 부분, 또 한국인이 인간광우병에 걸릴 위험이 크다는 주장 등은 사실을 감추고 제대로 전달하지 않거나 과학적 사실 등을 편향적으로 인용하였거나 사실확인을 제대로 하지 않는 등 왜곡 보도한 것이라고 본 것이다. 검찰 측에서 고의로 유출하였다고 반발하였던 제작진의 이메일에서 상당한 의도성이 읽힌다고 하면, 오역 혹은 왜곡 등이 단순 실수라고 보기에는 상당히 찜찜한 구석이 있다.

어떻든 미국산 쇠고기 수입협상이 졸속으로 진행되었다는 점을 지적하기 위하여 제작된 프로그램이 사실확인 등을 소홀히 하거나 왜곡되는 등 졸속 제작되었다는 비판에 대하여, 제작기일이 빠듯하였기 때문이라는 제작진의 변명이 공허하게 들리는 이유는 '똥 묻은 개가 겨 묻은 개를 흉본다'는 우리네 속담이 틀린 데가 없다는 자조 때문일 듯하다.

PD수첩 광우병 편과 관련된 소송들에서 재판부는 원고가 제기한 사안에 대해서만 법리적 판단을 했다고 할 것이다. 따라서 PD수첩 광우병 편 제작진이 무죄판결을 받아냈다 하여 방송프로그램을 제작하는 과정에서 지켜야 할 금도에서 벗어난 부분까지도 무죄라고 보기에 어렵지 않을까 싶다. 그동안 30회에 걸쳐 PD수첩 광우병 편과 관련하여 정운천 전 농림수산식품부장관과 민동석 차관보가 명예훼손 건으로 제기한 소송과정에서 드러난 문제점을 정리하였다. 2008년 우리 사회를 혼란 속으로 빠져드는 데 상당부분 기여했다는 평을 받고 있는 PD수첩 광우병 편은 과연 무죄일까? 아니면 유죄일까?

뒷이야기

프롤로그에서 에필로그에 이르기까지 이 책의 내용은 2011년 10월 26일부터 2012년 7월 18일까지 주간 〈미디어워치〉에 연재된 내용을 읽기에 편하도록 보완하여 묶은 것이다. 경제가 휘청거릴 정도로 큰 타격을 입었던 영국을 중심으로 한 유럽에서도 얼마 전 광우병은 소멸단계에 들어선 질병으로 선언된 바 있다. 그리고 2008년 온 나라를 발칵 뒤집어놓았던 광우병 파동의 흔적은 지금 우리나라 어디에서도 찾아볼 수 없다. 그럼에도 이미 잊힌 질병, 그리고 사건으로 대중적 관심이 떠난 이슈를 굳이 다시 언급하는 이유는 역사의 한쪽에 기록으로 남겨두었으면 하는 필자의 작은 소망 때문이다.

2008년 미국산 쇠고기의 수입재개와 관련하여 광우병 위험에 관한 진실을 두고 전문가들까지도 찬성과 반대로 극명하게 갈리는 바람에 일반 국민을 혼란스럽게 만들었다. 특히 광우병 위험이 크다고 주장하는 전문가들은 견해가 같은 언론매체를 통하여 과학적 진실을 감성적으로 표현하여 국민의 위기의식을 고조한 반면, 광우병 위험은 미미한 수준이라고 주장하는 전문가들의 견해를 받아주는 언론매체는 드물었던 것으로 생각한다.

우리 사회를 공포로 몰아넣었던 광우병은 1986년 영국에서 처음 등장한 이래 폭발적으로 늘어서 1993년에 3만 5,150두를 정점으로 극적으로 감소하기 시작하였다. 우리 사회가 광우병으로 몸살을 앓던 1998년에는 전 세계적으로 125두에서만 발병이 확인되었을 정도로 전문가들은 이미 통제단계에 들어선 질병으로 내다보았다. 그럼에도 일부 전문가라는 사람들은 1990년대 초반으로 시계를 거꾸로 돌려 광우병 공포를 되살려냈다.

1986년 광우병이 처음 확인되고 8년 뒤인 1994년에 등장한 인간광우병은 꾸준히 증가하여 광우병이 정점을 기록한 7년 뒤인 1999년에 29명이 발생하여 정점을 찍고 역시 감소하는 추이를 보이고 있다. 2008년 광우병 파동 당시 우려했던 수혈 등에 따른 전파나 MM형에

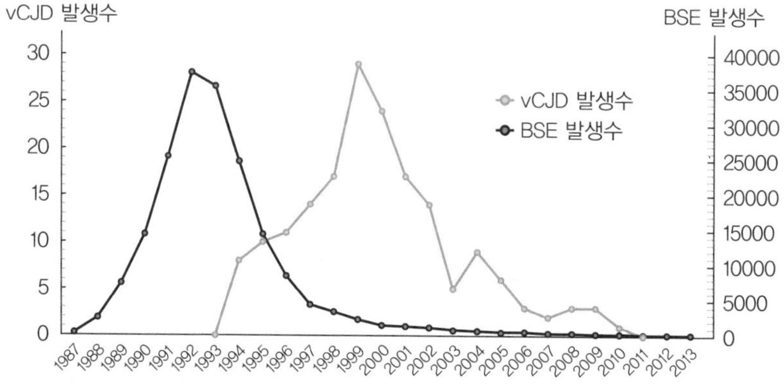

BSE와 vCJD의 발생 현황(영국)

이은 MV형 혹은 VV형에서 발병이 증가하는 양상은 아직까지 나타나지 않고 있다. 이는 광우병과 인간광우병의 확산을 막기 위한 각국 정부의 노력이 결실을 맺은 것이라고 하겠다.

돌이켜보면, 2008년 광우병으로 우리 사회가 몸살을 앓던 시기에 광우병 위험을 강조하던 전문가들은 전문가 토론에서는 제대로 목소리를 내지 못하였다. 하지만 언론을 통해서 혹은 자신의 주장에 동조하는 모임을 통해서 위험을 강조하는 전략을 구사하였을 뿐만 아니라, TV토론과 같이 일반에게 공개된 토론의 장을 기피하는 경향을 보였다는 점을 꼭 짚어두어야 하겠다.

그리고 2008년 제2차 광우병 파동의 한복판에서 미국산 쇠고기가 안전하지 않다고 목소리를 높이던 '국민건강을 위한 수의사연대'의 박상표 정책국장이 금년 1월 하순 유명을 달리했다는 소식이 있었다. 시민운동가로서 의견을 개진한 그의 적극성은 NGO활동가들의 귀감이 될 것이라 생각한다. 그의 죽음을 애도하는 분 가운데는 자연과학도로서 그의 행적이 '덜 정치적'이었다고 평가하기도 하나, 과학을 이념에 뒤섞어 버무리는 우를 범하지 않았나 하는 기우를 가지고 있다. 물론 그들은 필자에게 비전문가로서 정치적 행보를 보였다고 몰아붙였던 것으로 기억한다. 상대에 대한 작은 배려가 아쉬웠던 부분이다. 어찌되었든 유명을 달리한 고 박상표 국장의 명

복을 빈다. 마음에 둔 짐이 있다면 편하게 내려놓으면 좋겠다.

끝으로 이미 이슈로 주목받지 못할 내용으로, 그저 역사의 기록물로 남을 내용임에도 불구하고 출판에 나설 용기를 내주신 중앙생활사 김용주 대표와 여전히 전문적인 내용으로 읽기 거북한 원고를 다듬어준 한옥수 부장에게 감사의 마음을 전한다. 이 책으로 오랜 세월 붙들고 왔던 광우병과도 작별을 고하게 될 것 같다.

2014년 4월

양기화

후주

1 Wells GAS et al., "Bovine spongiform encephalopathy: the effect of oral exposure dose on attack rate and incubation period in cattle," *J. General Virol* 88:1363~1373, 2007.

2 Lasmezas C. I. et al., "Risk of oral infection with bovine spongiform encephalopathy agent in primates," *Lancet.* 365:781~783, 2005.

3 박상표, "기고-인간광우병에 취약한 한국인," 경향신문, 2007. 7. 22.

4 Müller H. et al., "Influence of Water, Fat, and Glycerol on the Mechanism of Thermal Prion Inactivation," *J. Biol Chem* 282:35855-67, 2007.

5 김병수, 김치헌, 황우섭, 정진상, 서대원, "위절제술을 받은 환자의 지연형 베르니케뇌병증," 《대한신경과학회지》 제26권 제1호, 59~62, 2008.

6 Singh S. & Kumar A. Wernicke, "Encephalopathy after obesity surgery," *Neurology* 68: 807~811, 2007.

7 Zuccoli G., Galluci M., Capellades J., Regnicolo L., Tumiati B., Cabada Giadas T., Bottari W., Mandioli J., Bertolini M., "Wernicke Encephalopathy:MR Findings at Clinical Presentation in Twenty-Six Alcoholic and Nonalcoholic Patients," *AJNR* 28: 1328~1331, 2007.

8 Stone R., Archer J. S., Kiernan M., "Wernicke's encephalopathy mimicking variant Creutzfeldt-Jakob disease," *J. Clin Neurosci* 15:1308~1310, 2008.

9 질병관리본부, 《크로이츠펠트-야콥병 및 변종 크로이츠펠트-야콥병 관리지침》, 2009, 40쪽.

10 정지민, 《주-나는 사실을 존중한다》, 시담출판사, 2009, 320~337쪽.

11 "CJD는 vCJD의 상위개념… 검찰이 왜곡," 한겨레신문, 2008. 7. 30.

12 양기화, 《눈초의 광우병 이야기》, 도서출판 Be, 2009, 210쪽.

13 "PD수첩 vCJD 자막 의도적 오역," 중앙일보, 2008. 7. 3.

14 "원문은 CJD인데 vCJD로 번역 문제되자 '당사자 혼동이라 판단.'" 조선일보, 2008. 6. 17.

15 대한의사협회 보도자료(2010년 2월 18일). 'PD수첩' 광우병 보도 판결 관련 대한의사협회 입장.

16 "PD수첩 판사, 醫協의 판결 비판에 답해보라," 동아일보, 2010. 2. 20.

17 "의협, 회원 의견수렴 없이 'PD수첩 판결 수긍 못해.'" 경향신문, 2010. 2. 19.

18 "대한의사협회의 헛발질 … 덩달아 놀아난 조·중·동," 프레시안뉴스, 2010. 2. 19.

19 "과학은 과학자의 말을 따라주십시오," PD저널 블로그, 2010. 1. 25.

20 "〈성명〉 광우병국민대책회의 전문가자문위원회," 헬스코리아뉴스, 2010. 12. 3.

21 Ironside J. W. et al., "Variant Creutzfeldt-Jakob disease. In Neurodegeneration: The Molecular pathology of dementia and movement disorders(Dickson D.)," *International Society of Neuropathology*, 2003, pp. 310~317.

22 Shibuya S. et al., "Codon 219 Lys allele of PRNP is not found in sporadic Creutzfeldt-Jakob disease," *Ann Neuol* 43:826-828, 1998.

23 David L. Sackett, 안형식 외 옮김, 《근거중심의학》, 아카데미아, 2004, 27~33쪽.

24 안형식, 배희준, 이영미, 박형근, 『근거중심의학』, 아카데미아, 2004, 27~33쪽.

25 Lee H. S. et al., "Increased susceptibility to kuru of carriers of the PRNP 129 Methione/Methionine genotype," *J. Infect Dis* 183:192-196, 2001.

26 Ironside J. W. et al., "Variant Creutzfeldt-Jakob disease: prion protein genotype analysis of positive appendix tissue samples from a retrospective prevalence study," *BMJ* 332:1186-1188, 2006.

27 Bishop M. T. et al., "Predicting susceptibility and incubation time of human-to-human transmission of vCJD," *Lancet Neurol*. 5(5):393-398, 2006.

28 The National CJD Research and Surveillance Unit 자료. Figures for the number of vCJD cases worldwide(http://www.cjd.ed.ac.uk/).

29 김용선. "광우병과 변종 크로이츠펠트 야콥병." 《가정의학회지》 제25권. 2004. 509~518쪽.

30 식품의약품안전청. 《광우병백서》. 2001. 125쪽 표 3.2.

31 Wells GAS et al., "Bovine spongiform encephalopathy:the effect of oral exposure dose on attack rate and incubation period in cattle", *J General Virol* 88:1363–1373, 2007.

32 박상표. "인간광우병. 국산 쇠고기도 안전지대 아니다!" 《신동아》 2007. 9(통권 576호). 230~245쪽.

33 양기화. 《눈초의 광우병 이야기》. 도서출판 Be. 2009. 90~98쪽.

34 유수민. 《과학이 광우병을 말하다》. 지안출판사. 2008. 184~194쪽.

35 Arnold M. E. et al., "Estimating the temporal relationship between PrPSc detection and incubation period in experimental bovine spongiform encephalopathy of cattle," *J. Gen. Virol* 88:3198–3208, 2007.

36 Griffin D. & Smith D. R., "Understanding how USDA–FSIS determines the age of cattle for current BSE regulations," *NF* 04–593 NebFacts, Mar. 2004.

37 유수민. 《과학이 광우병을 말하다》. 지안출판사. 2008. 184~194쪽.

38 Lasmézas C. I. et al., "Risk of oral infection with bovine spongiform encephalopathy agent in primates," *Lancet*. 2005 Feb 26–Mar 4;365(9461):781–783.

39 권태호. "[특파원 칼럼] 광우병과 거짓말." 한겨레신문. 2012. 4. 26.

40 김은주. "리스크 규제에 있어 사전예방의 원칙이 가지는 법적 의미." 《행정법연구》 제20호. 2008. 67–89쪽.

41 Enserink M., "After the crisis: More questions about prions," *Science* 310:1756–1758, 2005.

42 "비정형광우병은 안전? 정부 거짓말하고 있다," 오마이 뉴스, 2012. 5. 2.

43 Buschmann A. & Groschup M. H., "Highly Bovine Spongiform Encephalopathy-Sensitive Transgenic Mice Confirm the Essential Restriction of Infectivity to the Nervous System in Clinically Diseased Cattle," *J. Infect Dis* 192:934–942, 2005.

44 Enserink M., "After the crisis: More questions about prions," *Science* 310:1756–1758, 2005.

45 톰 베델, 박종일 옮김, 《정치적으로 왜곡된 과학 엿보기》, 인간사랑, 2009.

46 "농림부 박홍수 장관 쌀협상 이면합의 인정", 민중의 소리, 2005. 4. 21.

47 Griffin D. & Smith D. R., "Understanding how USDA-FSIS determines the age of cattle for current BSE regulations," *NF* 04-593 NebFacts, Mar. 2004.

48 한삼희, 《리스크 테이블》, 샘터, 2009, 35~41쪽.

49 "피디수첩 완승, 반성해야 할 정부·검찰·보수언론," 한겨레신문, 2012. 6. 15.

50 "[기고] 'PD수첩'은 남은 여정도 묵묵히 가렵니다," 경향신문, 2010. 1. 24.

51 "피디수첩 완승, 반성해야 할 정부·검찰·보수언론," 한겨레신문, 2012. 6. 15.

52 "검찰이 거짓말하고 〈중앙일보〉가 받아썼다," 프레시안뉴스, 2009. 10. 8.

53 "빈슨 소송서 vCJD 언급 안 돼," 중앙일보, 2009. 6. 15.

54 민동석, 《대한민국에서 공직자로 산다는 것》, 나남출판사, 2010.

중 앙 생 활 사
중앙경제평론사

Joongang Life Publishing Co./Joongang Economy Publishing Co.

중앙생활사는 건강한 생활, 행복한 삶을 일군다는 신념 아래 설립된 건강·실용서 전문 출판사로서
치열한 생존경쟁에 심신이 지친 현대인에게 건강과 생활의 지혜를 주는 책을 발간하고 있습니다.

PD수첩 광우병 편 방송은 무죄다?

초판 1쇄 인쇄 | 2014년 5월 7일
초판 1쇄 발행 | 2014년 5월 12일

지은이 | 양기화(Kiwha Yang)
펴낸이 | 최점옥(Jeomog Choi)
펴낸곳 | 중앙생활사(Joongang Life Publishing Co.)

대　　표 | 김용주
책임편집 | 이상희
본문디자인 | 북큐브

출력 | 현문자현 종이 | 타라유통 인쇄·제본 | 현문자현

잘못된 책은 바꿔드립니다.
가격은 표지 뒷면에 있습니다.

ISBN 978-89-6141-128-8 (13470)

등록 | 1999년 1월 16일 제2-2730호
주소 | ㊞100-826 서울시 중구 다산로20길 5(신당4동 340-128) 중앙빌딩
전화 | (02)2253-4463(代) 팩스 | (02)2253-7988
홈페이지 | www.japub.co.kr 이메일 | japub@naver.com
♣ 중앙생활사는 중앙경제평론사 · 중앙에듀북스와 자매회사입니다.

※ 이 도서의 국립중앙도서관 출판시도서목록(CIP)은 e-CIP 홈페이지(www.nl.go.kr/cip.php)에서
이용하실 수 있습니다.(CIP제어번호: CIP2014010739)